어린이 과학 형사대
CSI ㉘

 CSI, 함께 성장하다!

어린이 과학 형사대 CSI ㉘

초판 1쇄 발행 | 2015년 5월 22일
초판 11쇄 발행 | 2022년 11월 17일

지은이 | 고희정
그린이 | 서용남
감　수 | 곽영직(수원대학교 물리학과 교수)

펴 낸 곳 | (주)가나문화콘텐츠
펴 낸 이 | 김남전
편 집 장 | 유다형
편　　집 | 김아영
디 자 인 | 양란희
마 케 팅 | 정상원 한웅 정용민 김건우
경영관리 | 임종열 김다운

출판 등록 | 2002년 2월 15일 제10-2308호
주　　소 | 경기도 고양시 덕양구 호원길 3-2
전　　화 | 02-717-5494(편집부) 02-332-7755(관리부)
팩　　스 | 02-324-9944
홈페이지 | ganapub.com
이 메 일 | ganapub@naver.com

ⓒ 고희정·서용남, 2015

ISBN 978-89-5736-711-7　(74400)
　　　978-89-5736-440-6　(세트)

* 책값은 뒤표지에 표시되어 있습니다.
* 이 책의 내용을 재사용하려면 반드시 저작권자와 (주)가나문화콘텐츠 양측의 동의를 얻어야 합니다.
* 잘못된 책은 구입하신 서점에서 바꾸어 드립니다.
* '가나출판사'는 (주)가나문화콘텐츠의 출판 브랜드입니다.

이 도서의 국립중앙도서관 출판시도서목록(CIP)은 서지정보유통지원시스템 홈페이지(http://seoji.nl.go.kr)와
국가자료공동목록시스템(http://www.nl.go.kr/kolisnet)에서 이용하실 수 있습니다. (CIP제어번호: CIP2015012226)

• 제조자명 : (주)가나문화콘텐츠
• 주소 및 전화번호 : 경기도 고양시 덕양구 호원길 3-2 / 02-717-5494
• 제조연월 : 2022년 11월 17일
• 제조국명 : 대한민국
• 사용연령 : 4세 이상 어린이 제품

어린이 과학 형사대
CSI 28

CSI, 함께 성장하다!

글 고희정 | 그림 서용남
감수 곽영직(수원대학교 물리학과 교수)

가나출판사

주인공 소개

고차원 (화학 형사)
잘난 척이 심해 얄밉기도 하지만 알고 보면 순수하다. 다른 사람의 입장을 이해하기 시작하면서 조금씩 철이 든다.

한마리 (생물 형사)
엄마의 뺑소니 교통사고 장면을 목격한 아이. 아픈 과거에도 긍정적이고 밝은 성격으로 자라 뺑소니범을 잡겠다고 다짐한다.

강태산 (물리 형사)
한국인 아빠와 일본인 엄마 사이에서 태어난 아이. 모든 일에 관심 없는 척 삐딱하게 행동했었지만 점점 마음을 열어 간다.

은하수 (지구과학 형사)
부끄러움도 잘 타고 무서운 것도 많고 눈물도 잘 흘리는 아이. 하지만 자기가 원하는 것만은 똑똑히 얘기한다.

CSI

CSI 1기 형사들
- 한영재
- 이요리
- 반달곰
- 나혜성

CSI 2기 형사들
- 황수리
- 양철민
- 신태양
- 강별

형사 학교 학생들
- 최운동
- 장원소
- 소남우
- 송화산

CSI 어린이 형사 학교 선생님들
- 공차심 교장
- 어수선 교감
- 신기한 형사

- 사건의 전모가 밝혀지다! 6

 사건 1 기억을 되살려라! 12
　　　　핵심 과학 원리 – 뇌와 기억

　　　　마리가 들려주는 사건 해결의 열쇠 46

 사건 2 수상한 도둑들 50
　　　　핵심 과학 원리 – 석회암과 석회 동굴

　　　　하수가 들려주는 사건 해결의 열쇠 82

 사건 3 친구인지, 아닌지 86
　　　　핵심 과학 원리 – 물의 압력과 힘

　　　　태산이가 들려주는 사건 해결의 열쇠 118

 사건 4 볼펜의 흔적 122
　　　　핵심 과학 원리 – 액체의 성질

　　　　차원이가 들려주는 사건 해결의 열쇠 154

- 두 얼굴의 하성재 158

- 특별 활동 : CSI, 함께 놀며 훈련하다! 164

- 찾아보기 174

핵심 과학 원리 | 뇌와 기억

사건1

기억을 되살려라!

신 형사가 유진아에게 물었다.
"어떻게 된 건지 기억나세요?"
유진아는 울면서 고개를 저었다.
"잘 모르겠어요. 아무것도 기억나지 않아요. 흑흑흑."

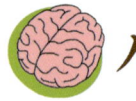 새벽의 강도 사건

마리는 침대에 누웠지만 잠이 잘 오지 않았다. 오랜 시간 기다리고 원했던 일을 해내 기쁘기도 했지만 한편으론 허탈하기도 했다. 그때 문득 한 얼굴이 떠올랐다.

'차원이가 보고 싶다.'

생각해 놓고도 마리는 당황했다. 차원이의 정성에 마리도 마음을 열기 시작한 걸까? 이런저런 생각으로 밤새 잠을 설친 마리는 다음 날 아침 일찍 학교로 돌아왔다. 그런데 기숙사에 들어가려는데, 아이들이 다급하게 나오고 있었다. 차원이가 마리를 보고 반겼다.

"어? 왔네. 지금 막 전화하려고 했는데."

"왜? 무슨 일 있어?"

마리의 질문에 태산이가 대답했다.

"사건이야. 강도 사건. 빨리 모이래."

오늘 새벽, 학교 근처 일석동 골목길에서 20대 여성이 칼에 찔린 채 의식을 잃고 발견됐다고 했다. 아이들이 회의실로 가자 신 형사가 사건에 대해 설명했다.

"피해자를 최초로 발견해 신고한 사람은 21세, 소신수. 신문 배달원. 오늘 새벽 5시 반쯤 신고했어요. 그리고 피해자 이름은 유진아. 나이는 24세, 회사원이에요. 피를 많이 흘려 지금 수술 중이고요."

아직은 어떻게 될지 모른다는 말. 신 형사의 설명이 끝나고, 신 형사와 아이들은 사건 현장으로 향했다. 일석동은 구불구불 외진 골목길이 많아 사건 사고가 많은 동네다. 피해자가 발견된 곳도 외진 골목길이었다. 현장에는 피해자가 흘린 피가 그대로 남아 있었다.

아이들은 현장 사진을 찍고 혈흔을 채취했다. 그리고 증거가 될 만한 게 있는지 현장 주변을 샅샅이 뒤졌다. 잠시 뒤 차원이가 말했다.

"별다른 건 없는데?"

다른 아이들도 마찬가지였다. 일단 태산이와 차원이는 소신수를 만난 후 근처에서 목격자를 찾아보기로 하고, 마리와 하수는 병원에 가서 피해자의 상태를 알아보기로 했다.

소신수는 놀란 토끼 눈을 하고 말했다.

"버려진 옷가지인 줄 알고 지나가려고 했는데, 사람 발이 보이는 거야. 어찌나 놀랐던지!"

그래서 곧바로 신고했다는 것. 태산이가 물었다.

"그때가 5시 반쯤이라고 했죠? 주변에서 수상한 사람은 못 봤나요?"

소신수가 대답했다.

"5시 반쯤 맞아. 그런데 그 시간엔 오가는 사람이 거의 없어."

그러니까 수상한 사람도 없었다는 뜻. 태산이와 차원이는 소신수와 헤어진 후 집 주변을 돌며 목격자를 찾기 시작했다. 그런데 사건 현장에서 20미터쯤 떨어진 골목집에 들렀을 때 집주인이 말했다.

"새벽 1시쯤이었을 거야. 밖에서 사람 소리 같은 게 들리긴 했어."

자다가 물 마시러 마루에 나왔는데, 그때 소리가 들렸다는 것이다.

"무슨 소린가 했는데, 금방 잠잠해지더라고. 그래서 그냥 들어갔지."

그렇다면 사건 발생 시간을 새벽 1시쯤으로 추정할 수 있다. 그 뒤 5시 반에 피해자가 발견된 것이다.

한편 마리와 하수는 채취한 혈흔의 감식을 의뢰한 후 병원으로 갔다. 의사가 막 수술을 마치고 나와 있었다. 의사가 말했다.

"피해자는 복부를 한 군데 찔렸는데 꽤 긴 시간 동안 방치되어 있어서 피를 많이 흘렸어. 조금만 늦었어도 큰일 날 뻔했어."

그래도 생명에는 지장에 없다니 불행 중 다행이다. 마리가 물었다.

"의식은 아직 안 돌아왔나요?"

"응. 좀 더 기다려야 될 거야."

그때였다.

"진아야! 진아야!"

아주머니 한 분이 피해자의 이름을 부르며 울면서 뛰어 들어왔다. 뒤따라 뛰어온 아저씨가 다급하게 물었다.

"유진아! 유진아 환자 어디 있습니까?"

의사가 물었다.

"유진아 씨 부모님이세요?"

"네. 우리 진아, 어떻게 됐어요? 괜찮죠? 별일 없는 거죠?"

"수술은 잘됐습니다. 생명에는 지장이 없으니 걱정 마세요."

"아이고, 진아야! 어쩌다 이런 일이! 흑흑흑."

유진아의 엄마는 다리에 힘이 풀렸는지 풀썩 주저앉아 울부짖었다.

아빠가 의사의 손을 잡으며 인사했다.

"고맙습니다. 고맙습니다."

끔찍한 소식에 얼마나 놀랐을까? 알고 보니 유진이는 올해 2월, 대학을 졸업하고 대기업에 취직했단다. 집이 회사에서 너무 멀어 일석동에서 혼자 자취하고 있었다는 것. 아빠가 말했다.

"요즘 일이 많아서 계속 야근을 한다고 했어요."

그렇다면 늦게 퇴근해 집으로 돌아오다 변을 당한 모양이다.

아이들이 각자 맡은 일을 하는 사이, 신 형사는 일석 경찰서에서 신고를 받고 출동한 양동국 순경을 만났다. 양 순경은 증거물 봉지에 담긴 가방을 내밀며 말했다.

"현장에서 발견된 피해자의 가방입니다. 지갑이랑 휴대전화는 없었습니다."

돈을 노린 강도의 소행이 분명하다. 양 순경이 말을 이었다.

"신분증도 없어서 피해자의 이름도 지문을 채취해서 알아냈어요. 그리고 이건 피해자의 집 주소입니다."

메모를 보니, 일석로 129 다원빌라 103호. 사건 현장에서 5분 정도 떨어진 곳이다. 신 형사는 현장 주변의 CCTV를 찾았지만 아쉽게도 그 골목에는 CCTV가 없었다. 그래서 150미터 정도 떨어진 큰길가 쪽의 CCTV 데이터를 뒤졌는데, 새벽 12시 50분쯤 피해자가 지나가는 모습이 찍혀 있었다. 하지만 뒤를 따라가는 수상한 사람은 없었다.

'범인이 골목길에 미리 숨어 있었다는 얘긴데!'

범인은 주변 지리를 잘 아는 사람일 확률이 높다. 또 피해자가 최근에 늦게 귀가하는 것을 알고 미리 기다렸을 수도 있다. 신 형사는 일석동 주민들 중에 동종 범죄자를 찾아보았다.

그런데 수상한 사람이 있다. 이름은 박복만. 나이는 49세. 강도 상해로 징역 3년을 선고받고 복역한 후 2년 전에 출소했다. 주소지는 일석로 125. 사건 현장과 피해자의 집에서 멀지 않은 곳이었다. 그렇다면 박복만이 범인이 아닐까?

 피해자의 기억

신 형사는 태산이와 차원이를 불러 함께 박복만의 집으로 갔다. 그런데 박복만은 집에 없었다. 그의 어머니가 말했다.

"나도 어디 있는지 몰라. 감옥에서 나오고 나서 한 번 왔다 가고는 전화 한 통 없어."

소식 끊긴 지 2년이 다 되어 간다는 말. 태산이가 물었다.

"2년 동안 한 번도 안 왔었다고요? 최근에도요?"

"그렇다니까."

할머니는 어렸을 때부터 말썽이란 말썽은 다 부리더니 감옥까지 갔다 온 아들이 한심하고 밉다며 한참 푸념을 했다. 그러더니 물었다.

"왜? 우리 아들이 또 무슨 나쁜 짓을 했어?"

말은 밉다고 해도 실은 걱정이 되는 모양이다. 신 형사가 대답했다.

"아닙니다. 그냥 좀 물어볼게 있어서요."

할머니께 인사를 하고 나오자 차원이가 말했다.

"박복만은 아닌 것 같은데요. 아무래도 이 동네를 떠난 지 오래된 것 같아요."

신 형사도 고개를 끄덕였다.

그사이 마리와 하수는 유진아의 통장과 카드에서 돈이 인출된 적이 있는지 알아보았다. 그런데 있다. 마리가 놀라 말했다.

"아침 7시에 나라은행 명동 지점 현금 인출기에서 350만 원을 찾은 걸로 나와. 분명 범인이 빼 간 거야."

하수가 의문을 제기했다.

"은행 비밀번호를 어떻게 알았지?"

"피해자를 위협해서 알아냈겠지."

마리의 대답에 하수가 벌떡 일어나며 말했다.

"가자! CCTV에 피해자의 얼굴이 찍혔을 거야."

마리와 하수는 곧바로 현금 인출기를 관리하는 나라은행 명동 지점으로 갔다.

그곳에서 CCTV 데이터를 확보해 확인했는데, 용의자가 모자를 깊게 눌러쓰고 있어서 아쉽게도 얼굴을 알아볼 순 없었다. 하수는 용의자에 대한 자료를 더 얻기 위해 과학수사연구소에 데이터 분석을 의뢰했다.

그런데 그때 마리의 휴대전화가 울렸다. 모르는 번호였다. 받아 보니 병원의 간호사였다.

"유진아 씨, 의식 회복했어."

"정말요!"

마리와 하수는 정말 다행이라고 생각했다. 신 형사에게 소식을 전하고 병원에서 만나기로 했다. 도착하니 신 형사와 태산이, 차원이가 먼저 와 있었다. 신 형사가 유진아에게 물었다.

"어떻게 된 건지 기억나세요?"

유진아는 울면서 고개를 저었다.

"잘 모르겠어요. 아무것도 기억나지 않아요. 흑흑흑."

몸까지 부들부들 떠는 유진아. 유진아의 엄마가 딸을 감싸 안으며 말했다.

"아이고, 얼마나 놀랐으면……. 괜찮아, 괜찮아. 다 잊어. 무서운 일은 다 잊어."

신 형사가 말했다.

"네. 무리하지 않으셔도 됩니다. 일단 마음부터 안정시키는 게 좋을 것 같네요."

그러자 유진아 아빠가 말했다.

"딸아이가 기억을 찾으면 제가 전화드리겠습니다."

신 형사와 아이들은 유진아 아빠의 연락을 기다리기로 하고 병실에서 나와 의사를 만났다. 의사가 말했다.

"너무 큰 충격을 받아 일시적으로 기억을 잃은 것 같습니다. 외상 후 스트레스 장애라고 할 수 있죠. 몸과 마음이 안정되면 다시 기억을 찾을 겁니다. 좀 기다려 보죠."

그렇다면 기다려 보는 수밖에 없다. 신 형사와 아이들이 학교로 돌아오자, 어 교감이 혈흔 감식과 은행 CCTV의 분석 결과를 알려 줬다.

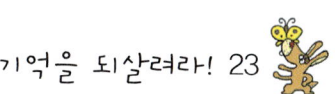

"혈흔은 유진아 것만 나왔어. CCTV 분석 결과, 용의자는 키가 178센티미터 정도고 몸무게는 80킬로그램 전후, 30대 초반 정도의 남자야. 그리고 영어로 뉴욕(NEWYORK)이라고 쓰인 야구 모자를 썼어."

그런 모자라면 너무 흔해서 특별한 단서가 되지 못한다. 좀 더 확실한 단서를 찾았으면 좋았을 텐데 하는 아쉬움이 들었다. 아이들은 내일 아침 일찍 다시 목격자를 찾아보기로 했다.

그런데 다음 날 아침 유진아의 아빠가 전화를 걸어 왔다.

"진아가 범인의 얼굴을 봤다고 합니다."

신 형사와 아이들은 곧바로 병원으로 갔다. 다행히 유진아는 많이 안정된 모습이었다. 유진아가 말했다.

"택시에서 내려서 골목을 지나가는데 갑자기 누군가 내 팔을 확 잡아당기더니 입을 막았어요."

덩치 큰 남자가 자신을 힘으로 제압해 담벼락으로 밀치고는 칼을 들이대며 돈을 내놓으라고 했다는 것.

TV를 오래 보면 기억력이 떨어진다?

호주에서 실험을 한 결과, 하루 한 시간 이하로 TV를 본 사람들이 오랫동안 TV를 본 사람보다 이름이나 얼굴, 직업 떠올리기, 목록 외우기 등 모든 부문에서 기억력이 좋았대. 많은 정보를 일방적으로 전달만 하는 TV에 정신을 뺏기면 뇌 신경 세포가 쉽게 지치게 되고, 능동적으로 다양한 생각을 하기 힘들기 때문에 기억력이 떨어질 수밖에 없다고 해. 그러니까 TV는 되도록 적게 보는 게 좋겠지?

"지갑을 꺼내 카드를 확인하더니 비밀번호를 물었어요. 무서워서 얼른 가르쳐 줬는데, 그때 남자와 눈이 마주쳤어요."

유진아는 순간 뭔가가 옆구리로 푹 들어오는 느낌이 났고, 너무 아파 쓰러지면서 그대로 정신을 잃었다고 했다.

하수는 몽타주를 그릴 준비를 하며 물었다.

"범인은 어떻게 생겼죠? 생각나는 대로 얘기해 주시겠어요?"

유진아는 생각만 해도 끔찍하다는 표정으로 대답했다.

"진짜 무섭게 생겼어. 모자를 쓰고 있었는데 눈이 위로 쭉 찢어지고 얼굴은 뾰족하고 광대뼈가 툭 튀어나왔어. 코도 크고 코끝이 날카로웠어. 입도 크고. 아! 입술 옆에 점이 하나 있었어."

"점이요? 입술 오른쪽이요? 왼쪽이요?"

하수의 질문에 유진아는 기억을 더듬으며 말했다.

"오른쪽? 아니, 왼쪽. 왼쪽이었어."

하수는 입술 왼쪽 옆에 점을 그려 넣었다. 그러고는 완성된 몽타주를 유진아에게 보여 주며 물었다.

"어때요? 이 얼굴과 비슷한가요?"

유진아는 몽타주를 보고 잠시 생각하더니 말했다.

"입이 좀 더 위로 올라가야 되고 코도 더 뾰족했던 것 같아."

하수가 몽타주를 다시 수정하자 그제야 유진아는 고개를 끄덕이며 말했다.

"이제 비슷한 것 같아."

완성된 몽타주를 보니, 유진아의 말대로 범인은 정말 무섭게 생긴 남자였다. 그래도 다행이다. 피해자가 범인의 얼굴을 정확하게 기억하니 이제 잡는 것은 시간문제다.

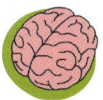 무엇이 문제일까

아이들은 몽타주에 CCTV 데이터를 분석한 인상착의를 적어 전단지를 만들었다. 그리고 사건 현장 근처에서 사람들에게 일일이 전단지를 나눠 주며 목격자를 찾았다.

그런데 하루, 이틀, 사흘이 지나도 용의자를 본 사람이 한 명도 나타나지 않는 게 아닌가. 용의자가 이미 도주했을 경우를 대비해 전국 경찰서에 전단지를 배포하고 인근 이석동과 삼석동까지 영역을 넓히며 뒤지고 다녔지만 역시 헛수고였다.

그렇게 5일이 지났다. 아이들은 황당했다. 피해자가 범인의 얼굴을 똑똑히 봤고, 그 기억으로 몽타주까지 만들었다. 게다가 미리 골목에서 기다린 걸로 봐서 범인은 그 주변을 자주 다녀간 사람일 확률이 높은데, 어떻게 범인을 본 사람이 한 명도 없단 말인가.

상황이 이렇자 결국 유진아의 아빠가 공 교장을 찾아와 항의했다.

"범인 얼굴까지 알려 줬는데 왜 못 잡는 겁니까? 어린 애들한테 수사를 맡겨서 그런 거 아닙니까? 더 이상 못 믿겠으니 지금 당장 담당 형사를 바꿔 주세요!"

공 교장은 난처했다.

"저희 CSI도 최선을 다하고 있습니다. 조금만 더 기다려 주시면 반드시 범인을 잡겠습니다."

공 교장이 정중하게 부탁했지만 유진아의 아빠는 막무가내였다.

"괜히 애들이 맡아 수사한답시고 시간 끄는 사이에 범인이 도망가면 어떡합니까? 이제 더는 못 기다려요. 수사진을 바꿔 주세요!"

공 교장은 더 이상 할 말이 없었다. 아이들이 고생하는 걸 잘 알지만 피해자의 입장을 생각하면 더 이상 고집을 부릴 수도 없는 일이었다. 결국 공 교장이 대답했다.

"잘 알겠습니다. 내일 당장 관할 수사 기관인 일석 경찰서로 수사권을 넘기겠습니다."

이런 일은 처음이다. 이제까지 다른 형사들이 진행하던 사건을 받아 수사한 적은 있었지만 아이들이 해결하지 못해 다른 곳으로 수사권을 넘긴 경우는 한 번도 없었다.

유진아의 아빠가 가자, 어 교감이 공 교장에게 불만을 말했다.

"우리 애들이 며칠 동안 공부도 제쳐 두고 쉬지도 못하고 뛰어다녔는데 조금 더 기다려 줘야 되는 거 아닙니까?"

공 교장이 어두운 표정으로 대답했다.

"피해자 가족이 정식으로 요청한 사항이라 어쩔 수 없어. 신 형사랑 애들한테 연락해서 그만 들어오라고 해."

그 시간, 신 형사와 아이들은 일석동의 한 중국집에서 늦은 점심을 먹고 있었다. 솔직히 아이들도 큰 부담을 느끼고 있었다. 범인을 금방 잡을 줄 알았는데, 갈수록 오리무중이니 말이다. 그래서 점심시간도 놓

쳐 가며 계속 범인을 찾고 있었다. 신 형사가 말했다.

"많이 먹어요."

신 형사는 배가 고파 정신없이 짜장면을 먹는 아이들을 보니, 짠한 마음이 들었다. 어린 나이에 형사로서 범인을 쫓아다니느라 밥도 제대로 못 먹고, 고생만 하는 것 같아 마음이 아팠다.

그때, 어 교감에게서 전화가 왔다. 전화를 받은 신 형사의 표정이 점점 굳어지자 아이들도 금방 눈치를 챘다.

"네. 들어가겠습니다."

신 형사가 전화를 끊자 차원이가 물었다.

"왜요? 수사를 그만두래요?"

신 형사가 고개를 끄덕이자 아이들은 젓가락을 놓았다. 잔뜩 배가 고팠었는데 입맛이 싹 달아나 버렸다. 아이들의 실망한 표정을 보고 신 형사가 일부러 밝게 말했다.

"잘됐죠, 뭐. 공부할 것도 많은데."

그러나 아무도 그렇게 생각하지 않았다. 이제껏 중간에 수사권을 넘긴 적은 한 번도 없었는데 맡았던 사건에서 손을 떼게 되다니. 아이들은 굴욕적이라는 생각이 들었다.

그때였다. 중국집 종업원이 아까부터 자꾸 힐끗거리더니 물었다.

"너희 형사 맞지? 며칠 전에 전단지 갖고 왔었던."

마리가 대답했다.

"네. 맞아요."

3일 전에 마리가 전단지를 가지고 이 가게에 들렀었다. 그날 종업원은 범인을 본 적이 없다고 했었다. 종업원이 다시 물었다.

"얼마 전에 이 동네에서 일어난 강도 사건 수사하는 거지?"

차원이가 대답했다.

"맞아요. 그런데 왜요?"

종업원이 얼른 대답했다.

"좀 수상한 사람이 있어서."

"수상한 사람이요?"

아이들이 동시에 물었다.

"어제 가게에 한 남자 손님이 왔었는데, 식사를 하면서 신문을 보더라고. 왔다 갔다 하면서 보니, 일석동 강도 사건 기사인 거야."

그래서 저도 모르게 끼어들어 한마디 했단다.

"요즘 이 사람 잡으려고 동네에 경찰들 쫙 깔렸다고. 그랬더니 '아, 네' 그러면서 신문을 접더라고."

그래서 말하기 싫어서 그런가 보다 했는데, 잠깐 주방에 갔다 온 사이에 남자가 사라져 버렸다는 것이다.

"음식도 다 남기고 돈도 안 내고 갔더라고."

쫓아가 잡으려 했지만 벌써 사라진 뒤라 포기했단다. 그때는 단순히 돈 안 내고 도망간 사람이라고 생각했는데, 다시 생각해 보니 수상하다는 것이다.

태산이가 전단지를 보여 주며 물었다.

"이렇게 생긴 사람이었나요?"

종업원은 전단지를 보고는 고개를 저으며 말했다.

"아니. 이 사람은 지난번에 보여 줬잖아. 이 사람은 아니야."

하지만 다시 전단지를 보더니 입가의 점을 가리키며 말했다.

"가만! 점? 그래! 입가에 점이 있긴 했어. 모자를 푹 눌러쓰고 있어서 얼굴은 잘 못 봤지만 점은 기억나네."

"점이요? 어느 쪽에 있었는지도 기억나세요?"

마리가 묻자 종업원은 고개를 갸우뚱거렸다.

"그건 잘 모르겠어. 왼쪽? 아닌가? 오른쪽이었나? 여하튼 입가에 점이 있는 건 확실해. 그리고 178센티미터에 80킬로그램 정도라……. 이것도 좀 비슷한 것 같네. 체격이 좋더라고."

하수가 물었다.

"얼굴이 몽타주랑은 많이 달라요?"

"들어올 때 얼굴을 보긴 했는데, 별 생각 없이 봐서 그런지 기억이 잘 안 나네. 그래도 이런 인상은 아니었어. 분명해."

입가에 점이 있는 것 말고는 몽타주와 다르게 생겼다니, 종업원이 말한 남자는 범인이 아닐 확률이 더 높다. 그리고 말없이 도망친 상황만으로 수상하다고 보기도 애매하다. 그냥 사람들과 이야기하기를 꺼리는 사람이거나 돈이 없어 도망간 사람일 수도 있지 않은가.

신 형사와 아이들은 학교로 돌아왔다. 그런데 태산이는 왠지 종업원이 봤다는 남자가 신경 쓰였다.

"혹시 범인의 몽타주가 잘못된 게 아닐까?"

하수가 대답했다.

"아니야. 피해자가 몽타주를 보더니 범인과 비슷하다고 했어."

태산이가 말했다.

"만약 피해자가 잘못 본 거라면?"

"에이, 말도 안 돼. 피해자가 범인 얼굴을 똑똑히 봤다고 했잖아."

차원이가 아니라고 하자 신 형사가 다른 가능성을 제시했다.

"잘못 본 게 아니라 잘못 기억할 수는 있겠죠."

"네? 잘못 기억할 수 있다고요?"

하수의 질문에 신 형사가 대답했다.

"보통 범죄 피해자들이 기억하는 범인의 얼굴은 실제보다 험상궂다는 통계가 있어요. 두려웠던 경험이 워낙 강렬해 용의자의 인상을 더욱 나쁘게 기억할 수 있다는 거죠."

차원이가 황당한 표정으로 말했다.

"만약 그렇다면 이제껏 헛수사한 거네요!"

"아직 알 수 없어요. 그럴 가능성도 있다는 거예요."

신 형사의 말을 듣자, 아이들은 중국집 종업원이 봤다는 남자가 신경 쓰였다. 하지만 그도 범인의 얼굴을 또렷하게 기억하지 못하니 별 소용이 없다.

왜 한 번도 피해자의 기억이 틀릴 수도 있다는 생각을 하지 못했을까. 아이들은 찜찜했다. 하지만 내일이면 일석 경찰서로 수사권을 넘겨야 하니, 처음부터 다시 수사할 시간도 없다. 아이들의 실망한 표정을 보고 공 교장이 위로했다.

"신경 쓸 거 없어. 이런 일도 있고 저런 일도 있는 거지."

어 교감도 나섰다.

"그래. 대한민국 최고의 형사인 나도 해결 못 한 사건이 있다니까. 물론 100건 중 한 건 정도밖엔 안 되지만 말이야. 으하하하."

어 교감의 너스레에도 아이들은 웃을 수가 없었다. 그나저나 진짜 몽타주가 잘못된 것일까? 아니면 몽타주에만 의존하다 뭔가 놓친 게 있는 걸까? 도대체 뭐가 문제일까.

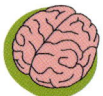 기억을 되살려라!

저녁 먹을 때까지 좀 쉬라는 신 형사의 말에 아이들은 각자 방으로 갔다. 그런데 마리는 옷을 갈아입으려다 늘 목에 걸려 있던 목걸이가 없어진 걸 깨달았다.

"어디 갔지?"

마리는 깜짝 놀라 목걸이를 찾기 시작했다. 엄마가 남긴 유품으로 마리가 가장 소중하게 여기는 목걸이다. 그런데 아무리 찾아도 없었다. 어딘가에 풀어 둔 게 분명한데 도대체 언제 뺐고, 어디에 뒀는지 도무지 기억나지 않았다.

마리가 한참 찾고 있는데 노크 소리가 들리더니 하수가 문을 열며 말했다.

"마리야, 저녁 먹으러 가자."

하수는 이내 마리의 심각한 표정을 눈치채고 물었다.

"왜 그래? 무슨 일 있어?"

"어떡해. 목걸이가 없어졌어."

그 목걸이가 어떤 목걸이인지 잘 아는 하수도 깜짝 놀라며 말했다.

"언제부터 없어졌는데? 잘 생각해 봐. 어디 풀어 놓은 거 아니야?"

"몰라. 기억이 안 나. 나 아무래도 건망증인가 봐."

마리가 울 듯한 얼굴로 얘기하자 하수가 마리의 손을 잡으며 다독였다.

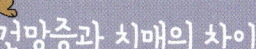

건망증과 치매의 차이

어른들, 특히 어머니들이 '자꾸 깜박깜박한다'는 말씀을 자주 하시지? 건망증은 기억 장애의 하나로 잘 기억하지 못하거나 잊어버리는 정도가 심한 병적인 상태를 말해. 건망증은 기억할 일이 많거나 고민, 스트레스가 많은 사람에게 많이 나타나. 혹시 치매 초기 증상이 아닌지 걱정하는 경우도 많은데, 건망증이 치매로 발전하는 일은 거의 없어. 약속을 잊어버리고 있다가 나중에 기억하고 '아차!' 한다면 건망증, 약속했다는 사실 자체를 기억하지 못하면 치매라고 할 수 있지.

"일단 진정하고 잘 생각해 봐. 분명 어디에 뒀을 거야."

마리는 눈을 감고 기억을 더듬었다. 생각해 보니 어제도, 그제도 목걸이가 없었던 것 같다. 그렇다면 어디 뒀단 말인가. 천천히 기억을 더듬다 보니 문득 생각나는 게 있었다.

"가만! 집에 두고 왔나?"

지난번에 집에 갔을 때 아침에 샤워하면서 빼놓았던 게 생각났다. 마리는 얼른 집에 전화했다. 할머니가 말했다.

"세면대 옆에 두고 갔더라. 내가 잘 챙겨서 네 방에 갖다 뒀다."

마리는 안도의 한숨을 쉬었다. 그런데 다음 순간, 마리는 번쩍 생각이 났다.

"하수야, 혹시 그 중국집 종업원 아저씨의 기억도 다시 살릴 수 있지 않을까?"

뜬금없는 소리에 하수가 물었다.

"그게 무슨 소리야?"

"남자가 가게에 들어올 때 얼굴을 봤다고 했잖아. 바로 그 기억을 되살리는 거야. 최면으로."

"최면?"

마리가 설명을 이었다.

"응. 우리가 보고 경험했던 모든 것들은 우리 뇌에 저장되어 있어. 이렇게 저장된 이전의 인상이나 경험을 의식 속에 간직하거나 도로 생각해 내는 걸 기억이라고 하지."

하수가 물었다.

"하지만 잊어버린 기억을 다시 살릴 수도 있어?"

"우리 뇌는 우리가 생각하는 것보다 훨씬 많은 양의 기억을 갖고 있어. 기억을 잊어버리는 건 그 기억이 사라진 게 아니라 다시 생각해 내는 데 실패한 경우일 때가 많아. 그러니까 최면을 잘 이용하면 뇌 어딘가에 숨어 있는 기억을 다시 끌어낼 수 있어."

하수가 의문을 제기했다.

"그래. 최근에 최면을 수사에 종종 이용한다는 말은 들었어. 그런데 아저씨가 그랬잖아. 몽타주와 다른 인상이라고."

"그래도 입가에 점이 있는 거랑 체격은 비슷하다고 했잖아. 얼굴을 확실하게 기억하는 건 아니니까 기억을 되살려 보면 다른 얘기가 나올 수도 있지 않을까?"

"그럼 일단 신 형사님께 여쭤 보자."

마리와 하수는 차원이와 태산이, 신 형사에게 최면 수사에 대해 말했다. 그러자 차원이가 갑자기 흥분해 말했다.

"해 봐요. 내일 아침 전까지는 우리한테 수사권이 있잖아요."

계속 찜찜했는데 아이들은 마지막 시도라도 해 보고 싶은 마음이었다. 신 형사가 대답했다.

"법 최면 분야에서 가장 유명한 분은 최면해 박사예요. 교장 선생님께 부탁해서 최 박사님을 모셔 볼게요."

태산이도 의견을 말했다.

"이참에 피해자도 최면 수사를 하면 어떨까요? 혹시 두려움 때문에 잘못 기억하는 거라면 최면을 통해 바로잡을 수 있지 않을까요?"

신 형사가 대답했다.

"좋은 생각이에요. 그럼 목격자와 피해자, 둘 다 부탁해 보죠."

마리는 재빨리 중국집에 전화했다. 종업원 이름은 양현민. 다행히 양현민은 기꺼이 도와주겠다고 했다.

저녁 8시. 최면해 박사가 도착하고 양현민의 최면 수사가 시작되었다. 최 박사가 편안한 의자에 앉아 있는 양현민에게 조용히 말했다.

"이제 당신은 어제 낮 1시로 들어갑니다."

양현민은 최면 상태에 들어갔고, 당시의 일을 차근차근 기억해 냈다. 최 박사가 물었다.

"자, 이제 고개를 돌려 남자의 얼굴을 봅니다. 보입니까?"

"네."

"어떻게 생겼죠?"

"눈이 크고 눈썹이 짙어요. 코는 좀 뭉툭하고요. 입이 크고 입술이 도톰해요. 아! 입술 옆에 점이 있어요."

"어느 쪽이죠?"

"오른쪽 옆이요."

하수는 양현민의 진술대로 몽타주를 다시 그렸다. 다 그리고 나니, 유진아가 말한 모습과는 상당히 다른 얼굴이었다.

그사이 공 교장과 신 형사는 병원에 가서 유진아와 유진아의 아빠를 만났다. 아빠는 펄쩍 뛰었다.

"우리 딸이 거짓 진술을 했단 말입니까?"

신 형사가 설명했다.

"그런 뜻이 아니라 두려움이 너무 크면 잘못 기억할 수도 있다는 말입니다."

"그게 그거죠. 게다가 이제 좀 잊을 만한데, 그 끔찍하고 무서운 경험을 다시 기억하라고 하는 거, 나는 반대입니다."

유진아 아빠의 말도 이해는 됐다. 딸이 그런 끔찍한 사건을 겪고 정신적으로 상당한 충격을 받았을 텐데, 다시 기억을 떠올리게 하고 싶겠는가.

그런데 그때, 유진아가 나섰다.

"해 볼게요, 최면 수사. 사실 그땐 너무 무서워서 범인을 제대로 보지 못했던 것 같아요. 지금 생각해 보니 제 기억이 잘못됐을 수도 있을 것 같아요."

유진아가 하겠다고 나서자 아빠도 어쩔 수 없이 동의했다. 저녁 9시. 유진아의 최면 수사가 시작되고, 최면 상태에서 유진아가 진술하는 대로 다시 몽타주가 그려졌다.

그런데 이게 어떻게 된 일인가! 유진아가 지난번에 진술한 것과는 전혀 다르게 얘기하는 게 아닌가! 눈이 위로 찢어져 있다더니, 이번엔 동그랗고 큰 눈이라고 했다. 또 코도 크고 날카로운 게 아니라 오히려 뭉툭한 편. 입술 옆의 점도 왼쪽이 아닌 오른쪽에 있다는 것이다. 그리고 놀랍게도 양현민의 진술대로 그린 몽타주와 유진아의 진술이 거의 일치했다. 이제껏 틀린 몽타주로 범인을 찾았다는 말.

차원이가 황당한 듯 말했다.

"이러니 못 찾을 수밖에 없지."

피해자의 진술을 너무 믿은 게 잘못이었다. 그때였다. 하수가 뭔가 생각난 듯 말했다.

"가만! 이 사람 어디서 본 것 같아."

"그래? 어디서?"

마리가 묻자 하수는 잠시 기억을 더듬었다. 그리고 마침내 말했다.

"목격자 찾으려고 집집마다 다닐 때 본 것 같아. 사건 현장에서 멀지 않은 집이었는데."

태산이가 반기며 말했다.

"그럼 다시 가 보자. 기억날지도 모르잖아."

늦은 밤이었지만 아이들과 신 형사는 일석동으로 갔다. 사건 현장과 멀지 않은 골목길을 여기저기 다니다 하수가 골목 안의 한 집을 가리키며 말했다.

"저 집이야. 저 집이 분명해."

그런데 그때, 대문 열리는 소리가 들렸다. 아이들과 신 형사는 재빨리 몸을 숨겼다. 한 남자가 모자를 푹 눌러쓰고 주위를 살피며 나오는데, 맞다! 새롭게 그린 몽타주 속의 바로 그 남자였다.

태산이가 나서며 남자를 불렀다.

"아저씨!"

순간, 남자는 이상한 낌새를 눈치챘는지 도망치려고 했다. 그때 차원이가 재빨리 달려들어 남자의 허리춤을 붙잡았다.

"놔! 놓으라고!"

남자가 소리치자 신 형사가 새로운 몽타주를 보이며 말했다.

"당신을 강도 치상 혐의로 체포합니다."

범인의 이름은 강남철. 나이는 34세. 직업은 건설 일용직. 겨울이라 건설 현장에 일이 없어 돈벌이가 시원찮았단다. 예전부터 일석동에 살아 그 골목길에 CCTV가 없는 걸 잘 알고 있었고, 야근하고 늦게 돌아오는 유진아를 몇 번 본 후 범행을 계획. 유진아가 올 시간에 맞춰 미리 골목에 숨어 기다리고 있었다는 것이다.

"칼로 겁만 주려고 했어. 정말이야. 찌를 생각까지는 없었는데, 그 여자가 내 얼굴을 보는 바람에……."

유진아에게서 지갑을 뺏은 뒤 카드 비밀번호를 알아내려다 눈이 마주쳤단다. 순간, 자신의 범행이 발각되지 않을까 하는 생각에 얼떨결에 찌르고 도망쳤다고 했다. 처음엔 경찰이 몽타주를 만들어 다니며 목격자를 찾는 걸 알고 도망가려고 했다는 것. 하지만 자신의 얼굴과 전혀 다르게 생긴 몽타주를 보고는 안심하고 있었다고 했다. 그런데 결국 이렇게 잡힌 것이다.

공 교장이 엄한 목소리로 꾸짖었다.

"젊은 사람이 열심히 일해서 돈을 벌 생각을 해야지, 강도짓을 하면 됩니까?"

"잘못했습니다."

강남철은 고개를 떨구었다. 하지만 이제와 후회한들 무슨 소용이 있겠는가.

밤늦은 시간이었지만 공 교장과 신 형사, 아이들은 범인을 잡았다는 소식을 전하러 병원으로 갔다. 유진아 아빠는 공 교장과 아이들에게 사과했다.

"교장 선생님, 죄송합니다. 아까는 제가 너무 무례했습니다. 얘들아, 미안하다. 우리 진아가 잘못 진술한 줄도 모르고 너희만 탓해서. 그리고 고맙다."

　수사권을 넘기기 전에 범인을 잡아서 정말 다행이다. 하마터면 CSI 로서 오명을 남길 뻔했는데 말이다. 어쩌면 그동안 승승장구하기만 해서 나태해졌던 건 아닐까? 아이들은 반성했다. 그리고 다시 깨달았다. 쉬운 사건은 하나도 없고, 튼튼한 돌다리도 두들겨 보고 건너야 된다는 것을.

# 마리가 들려주는 사건 해결의 열쇠

　강도 사건의 범인을 목격한 두 사람. 그들의 잊어버린 기억을 되살려 범인을 잡을 수 있었던 것은 바로 뇌와 기억에 대해 잘 알았기 때문이지.

💡 뇌와 기억

　우리 뇌는 호두랑 비슷한 모양으로, 쭈글쭈글 주름이 많고 회색빛을 띠고 있어. 물렁물렁해서 딱딱한 머리뼈가 보호하고 있지. 뇌의 무게는 몸무게의 40분의 1정도밖에 안 되지만 뇌는 아주 많은 일을 해. 생각하는 일뿐 아니라 숨쉬고, 먹고, 마시고, 보고, 듣고, 운동하는 등 우리가 하는 모든 일을 조절해 주거든.

　뇌는 대뇌, 소뇌, 중뇌, 간뇌, 연수로 나누어져 있는데, 뇌의 80% 정도를 차지하는 대뇌는 생각하고 판단하고 기억하고 감정을 조절하는 일 등을 해.

　대뇌가 하는 일 중 기억은 우리가 경험하고 배운 것을 저장하고 다시 생각해 내는 일을 말하지. 짧은 시간 동안만 유지되는 단기 기억과 오랜 시간 동안 유지되는 장기 기억이 있어.

　이렇게 기억하는 데는 뇌에 있는 '해마'라는 부위가 아주 중요한 역할을 해. 바닷속에 사는 해마와 모양이 비슷한데 우리가 새롭게 습득한 감각과 지식은 단기 기억 형태로 해마에 저장되지. 이런 단기 기억들 중에서 반복적으로 학습하지 않거나 특별한 기억이라고 생각되지 않는 것들은 휴지처럼 버려져. 하지만 중요하다고 생각되는 기억들은 뇌의 각 부위로 전달되어 장기 기억 형태로 저장되지.

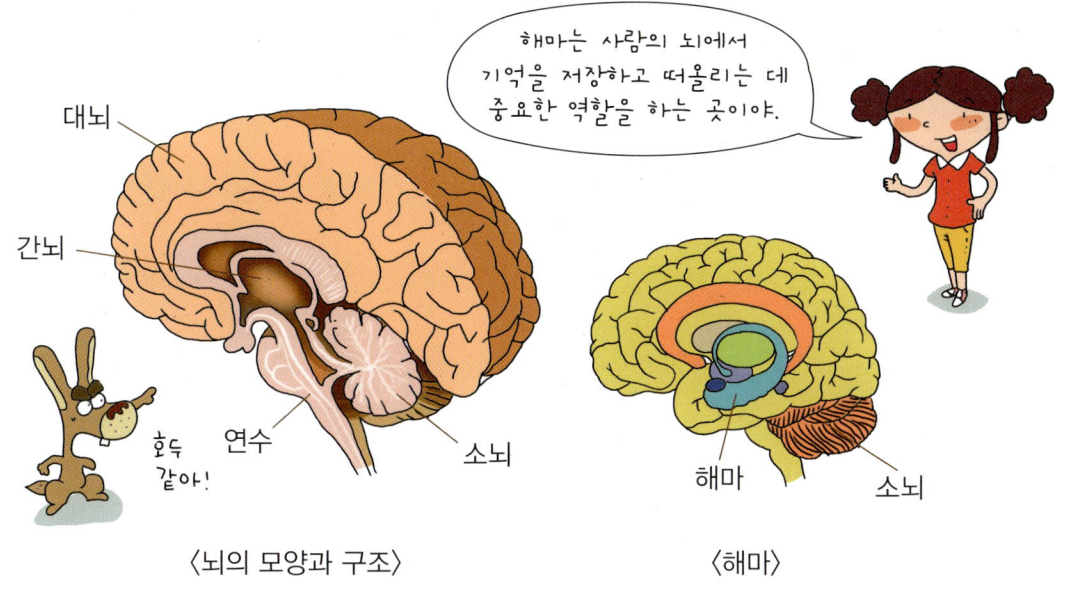

〈뇌의 모양과 구조〉　　〈해마〉

단기 기억으로 저장됐다 버려진 건 일주일 전 일이라도 잘 생각나지 않아. 반면 아주 어릴 때 가족과 함께 여행 갔던 일이나 반복적으로 배웠던 곱셈구구 등은 평소에 잘 생각하지 않았더라도 금방 다시 생각나지. 장기 기억으로 저장되었기 때문이야.

최면이란?

우리 뇌는 우리가 떠올리는 것보다 훨씬 많은 정보를 담고 있어. 그런데도 다 기억하지 못하는 것은 저장하지 않아서가 아니라 다시 불러오지 못했기 때문인 경우가 많아.

그럴 때 최면을 이용하면 우리 뇌에 저장되어 있지만 잘 떠오르지 않던 과거의 기억을 다시 불러올 수 있어. 최면(hyponosis)이라는 용어는 '수면'을 뜻하는 그리스어 hypnos에서 유래되었다고 해. 마치 잠에 빠진 것처럼 몸과 마음을 아주 편안하게 하고 감춰진 기억을 끌어내는 거지. 신기하게도

〈뇌 깊은 곳에 숨어 있는 기억〉

최면에 빠진 상태에서는 아무리 오래되거나 먼 곳에 있는 기억이라도 마치 현재, 이곳에서 일어나는 일인 것처럼 다시 경험하게 되거든.

이전에는 최면을 미신이나 비과학적인 것으로 생각하기도 했지만 최근에는 의사나 심리학자들이 최면을 학문적으로 연구하고 있고, 치료를 목적으로 이용하는 경우도 많아졌어.

💡 최면 수사

최근에는 범죄 수사에도 최면을 많이 이용해. 피해자나 목격자에게 최면을 걸어 뇌 어딘가에 숨어 있는 기억을 끌어내 수사에 필요한 단서를 얻는 거지.

특히 범인의 몽타주를 작성할 때 유용하게 사용돼. 희미하게 기억하고 있는 범인의 얼굴을 최면을 통해 자세한 부분까지 떠올리게 할 수 있거든. 또 최면을 통해 잘못된 기억을 고치기도 해. 보통 범죄 피해자들이 기억하는 범인의 얼굴은 실제보다 험상궂은 경우가 많아. 사건 당시에 느낀 공포와 당황하고 두근거렸던 감정 때문에 용의자의 인상을 더욱 나쁘게 기억하는 것이지. 최면을 이용하면 그런 기억의 왜곡을 바로잡을 수 있어.

요즘 흉악 범죄 수사에는 최면 수사가 많이 활용되고 있어. 아직까지는 최면을 통해 얻어 낸 목격자의 진술이 직접 증거로서 법적인 효력을 갖지는 못하지만 또 다른 증거를 찾는 데는 중요한 역할을 하지.

〈최면 수사를 이용한 몽타주 작성〉

그러니까 생각해 봐. 피해자가 진술한 대로 몽타주를 그려 범인을 찾아다녔지만 찾을 수 없었지. 다행히 또 다른 목격자가 나왔고, **최면을 이용해 두 사람의 뇌에 저장된 범인의 진짜 얼굴을 기억해 내게 함으로써** 범인을 잡을 수 있었던 거야.

핵심 과학 원리 | 석회암과 석회 동굴

수상한 도둑들

차원이는 조금 높은 곳으로 올라가더니 보드를 타고 내려왔다.
그런데 정말 잘 탔다.
'멋지다!'
마리는 저도 모르게 그런 생각이 들었다.

즐거운 방학

며칠 후 겨울 방학이 시작되었다. 어 교감이 아이들에게 신 나는 제안을 했다.

"스키장 어때? 한 학기 내내 수고했으니 방학 때는 좀 놀아 줘야 되지 않겠어?"

"오, 예!"

아이들이 신 나서 소리를 지르자 어 교감이 말했다.

"스키 탈 거니까 옷 든든하게 입고 와."

"네!"

다음 날 어 교감과 신 형사, 아이들 그리고 공 교장까지, 모두 함께 강원도 정선에 있는 스키장으로 갔다. 숙소에 짐을 풀자마자 아이들은 스키를 타러 나갔다.

그런데 차원이가 말했다.

"우리 스노보드 타자."

마리가 난처한 표정으로 말했다.

"난 보드는 안 타 봤는데."

하수도 마찬가지였다.

"나도 보드는 못 타."

차원이가 나섰다.

"걱정 마. 내가 가르쳐 줄게."

마리가 하수에게 물었다.

"하수야, 그럼 우리도 이참에 보드 타는 거 배워 볼까?"

하지만 하수는 선뜻 좋다고 하지 못했다. 차원이야 마리가 가르쳐 주겠지만 태산이가 자신을 가르쳐 주겠는가. 차원이 혼자 두 명을 가르쳐 줄 수도 없을 테고. 하수가 난처한 표정으로 말했다.

"난 그냥 스키 탈래."

그런데 태산이가 말했다.

"하수 넌 내가 가르쳐 줄게. 같이 보드 타자."

이게 웬일인가! 태산이가 먼저 나서서 가르쳐 주겠다고 하다니. 하지만 하수는 괜한 자존심 때문인지 거절하고 싶었다.

그때였다.

"와우, 친구끼리 사이좋네! 서로 가르쳐 주고 배우기로 한 거야? 잘했네, 잘했어."

언제 왔는지 어 교감이 끼어들었다. 어 교감의 얘기를 듣고 하수는 생각했다.

'그래, 뭐 어때! 친구 사이에 배울 수도 있지.'

결국 차원이는 마리에게, 태산이는 하수에게 보드를 가르쳐 주기로 했다. 차원이가 말했다.

"일단 내가 시범을 보여 줄게."

차원이는 조금 높은 곳으로 올라가더니 보드를 타고 내려왔다. 그런데 정말 잘 탔다.

'멋지다!'

마리는 저도 모르게 그런 생각이 들었다. 순간, 빨개지는 얼굴. 그걸 보고 하수가 물었다.

"마리야, 추워? 얼굴이 빨개."

마리는 당황해 얼버무렸다.

"어? 어, 좀 춥네."

마리는 기분이 이상했다. 이제껏 한 번도 느껴 보지 못한 기분이 들었다. 가슴이 콩닥콩닥 뛰면서 몸이 붕 뜨는 것 같은 느낌. 도대체 왜 이런 느낌이 드는 걸까? 얼마 전 집에 갔을 때도 불현듯 차원이가 보고 싶더니, 아무래도 수상하다.

드디어 1 대 1 보드 강습이 시작되었다. 예상대로 차원이는 마리에게 차근차근 정성을 다해 가르쳐 주었다.

그런데 태산이의 모습도 놀라웠다. 자신의 기분이 가장 중요하고 무슨 일이든 귀찮아하던 예전의 모습은 온 데 간 데 없고, 무서워하는 하수를 배려하고 격려하며 천천히 가르쳐 주는 것이었다. 하수는 태산이 덕분에 차근차근 즐겁게 배울 수 있었다.

카페에 앉아 그 모습을 보고 있던 어 교감이 흐뭇한 미소를 띠며 말했다.

"녀석들, 많이 컸네. 잘 컸다."

옆에 있던 공 교장이 말했다.

"어 교감이 애 많이 썼지."

"아이, 무슨 말씀을요……. 다 교장 쌤의 바다처럼 넓은 사랑 덕분이죠. 하하하."

"아니야. 어 교감이 수고했어."

주거니 받거니 하며 서로에게 공치사를 하는 어 교감과 공 교장. 어 교감은 기분이 좋은지 신 형사에게도 말했다.

"신 형사도 수고 많이 했어."

그런데 답이 없다. 공 교장이 둘러보며 말했다.

"조금 전까지 여기 있었는데 어디 갔지?"

그새 사라진 신 형사. 어 교감이 황당한 듯 말했다.

"뭐야? 도 닦더니, 이젠 뿅 사라지는 신공까지 생겼나?"

그런데 그때, 카페 안에 앉아 있던 사람들이 우르르 창가로 몰려들며 말했다.

"저 사람 좀 봐."

"멋지다!"

공 교장과 어 교감도 사람들이 가리키는 곳을 봤다. 스키장 한쪽에 마련된 하프파이프였다. 하프파이프는 반원통형의 구조물로 스케이트보드나 인라인스케이트 등을 타고 고난도 기술을 펼칠 수 있는 슬로프를 말하는데, 여기에 눈을 뿌리면 스노보드와 스키를 타고 즐길 수 있다. 거기에서 한 남자가 보드를 타고 멋진 묘기를 펼치고 있었다. 남자가 아슬아슬 위험해 보이는 동작을 할 때마다 구경하던 사람들이 동시에 소리쳤다.

"우아!"

어 교감이 말했다.

"선수인가 봐요. 국가 대표."

"그런가 보네. 잘 타네."

공 교장도 감탄했다. 그런데 잠시 후, 묘기를 마치고 사람들 사이를 비집고 나오는 남자를 보니, 낯이 익었다. 어 교감이 놀라 물었다.

"저 사람, 신 형사 아니에요?"

공 교장도 놀라 말했다.

"그, 그러네. 신 형사네."

어 교감이 황당한 표정으로 말했다.

"신 형사, 정말 괴물이네요. 괴물."

그러게 말이다. 어째 못하는 게 없으니 말이다.

어 교감의 꿍꿍이

아이들은 하루 종일 스노보드를 탔다. 보드를 처음 배운 마리와 하수도 서툴지만 나름대로 재밌게 탔다. 추운 날인데도 땀에 흠뻑 젖을 정도로 열심히 탔다. 하지만 즐겁게 노는 것도 그날로 끝이었다. 이번에도 어 교감은 다른 꿍꿍이가 있었다.

다음 날 아침, 일어나자마자 어 교감이 말했다.

"어제는 즐겁게 잘 놀았지? 그럼 이제 짐 싸."

"네? 짐을 싸라고요?"

태산이가 놀라 묻자 차원이도 따졌다.

"왜 벌써 가요? 5박 6일이라면서요."

어 교감이 대답했다.

"여기까지 왔는데 보드만 탈 수 있나. 눈 구경도 해야지."

"여기도 눈 많은데요."

차원이의 말에 어 교감은 손을 저으며 말했다.

"에이, 이게 무슨 눈이야. 제설기로 만든 눈이. 강원도에 왔으면 진짜 눈을 봐야지. 내가 진짜 눈 나라로 데려가 줄게."

그렇긴 하다. 겨울이면 눈이 많이 오는 강원도는 눈꽃 축제며 얼음 조각 축제며 볼거리가 많다. 아이들은 뭔가 더 근사한 일이 기다리고 있을 거라는 생각에 선뜻 짐을 쌌다.

전날 하루 종일 보드를 타서 그런지 아이들은 차에 타자마자 깊은 잠에 빠져들었다. 그러다 차가 덜컹거리는 바람에 잠을 깼는데, 정말 하얀 눈 나라가 눈앞에 펼쳐져 있었다.

감성적인 하수가 말했다.

"정말 예쁘다. 진짜 겨울 왕국에 온 것 같아요."

산이며 나무며 길이며, 모두 다 흰 눈으로 덮인 하얀 세상에 다른 아이들도 탄성이 절로 나왔다. 그런데 조금 더 가다 보니, 이상하다. 왠지 점점 더 깊은 산속으로 들어가는 느낌이 들었다. 마리가 물었다.

"얼마나 더 가야 돼요?"

"어, 한 10분쯤 더 가면 도착할 거야."

웬걸! 어 교감의 얘기와 달리 거기서부터 30분 이상을 계속 산으로, 산으로 들어가는 게 아닌가. 집도 거의 없고 온통 눈밭인 데다 아이들이 기대했던 축제 장소 같은 곳은 전혀 나타나지 않았다. 점점 더 불길한 느낌이 드는데, 멀리 집 한 채가 나타나자 어 교감이 말했다.

 "다 왔다. 저 집이야."

 헉! 눈에 덮여 형체도 알아보기 힘든 집. 저기가 오늘의 목적지라니. 도대체 여길 왜 왔단 말인가.

 "여기가 어디예요?"

 차원이가 묻자, 어 교감이 대답했다.

 "강원도 정선."

 눈 구경 간다고 하기에 눈꽃 축제에 가나 보다 했는데, 두메산골이 웬 말인가. 태산이가 다시 물었다.

 "여긴 왜 왔는데요?"

 어 교감이 별일 아니라는 표정으로 무심하게 대답했다.

 "왜 오긴. 봉사 활동 하러 왔지."

 "네에? 봉사 활동이요?"

 아이들은 너무 놀라 동시에 소리쳤다. 차원이가 황당해하며 말했다.

눈은 왜 하얄까?

눈은 대기 중의 구름으로부터 지상으로 떨어져 내리는 얼음의 결정이야. 그런데 얼음은 투명한데, 왜 눈은 하얄까? 얼음은 표면이 매끈해서 빛이 잘 통과되기 때문에 맑고 투명하게 보여. 그러나 눈은 표면이 울퉁불퉁해서 빛이 통과하지 못하고 반사되기 때문에 하얗게 보이는 거야. 얼음을 갈아 만든 빙수를 생각해 봐. 투명한 얼음이었는데 갈아서 가루로 만드니까 하얗게 되잖아. 같은 원리지.

"눈 구경 간다면서요."

"그래. 눈 구경해. 여기 사방에 눈 천지잖아."

마리가 물었다.

"그런데 무슨 봉사요?"

눈밖에 없는 이곳에서 무슨 봉사를 한단 말인가.

공 교장이 대답했다.

"오다가 봤겠지만 이 동네는 집들이 다 띄엄띄엄 있어. 게다가 대부분 연세 많으신 노인분들이 사시기 때문에 이렇게 눈이 많이 오면 옴짝달싹 못 하신대."

어 교감이 말을 이었다.

"그래서 집 앞에 쌓인 눈도 치워 드리고, 먹을 것도 갖다 드리고, 혼자 계신 분들은 적적하실 테니까 말벗도 해 드리자는 거지. 어때? 재밌겠지? 신 나겠지?"

이런 꿍꿍이가 있을 줄은 상상도 못 했다. 어 교감을 믿은 게 잘못이다. 이제까지 어 교감이 놀러 간다고 하면 꼭 뭔가 다른 꿍꿍이가 있었다. 심지어 선배들도 그랬다. 교감 쌤이 놀러 가자고 하면 절대 믿지 말라고. 그런데 그걸 또 잊어버리고 좋아서 따라왔으니 말이다.

하지만 언제나 긍정적인 마리는 금방 동의했다.

"생각해 보니 그렇게 나쁘진 않네요. 우리가 언제 이렇게 눈이 많은 곳에 와 보겠어요."

그러자 착한 하수도 덧붙였다.

"할아버지, 할머니를 도와드리면 좋죠, 뭐. 저도 좋아요."

차원이와 태산이도 고개를 끄덕였다. 여기까지 오면서 형체도 알아볼 수 없을 정도로 눈이 많이 쌓인 집을 여러 채 보았기 때문이다. 그런 곳에 할아버지, 할머니만 사신다니 걱정이 됐다.

스키장이야 언제든 또 가면 되니 누군가에게 도움이 되는 일을 하는 것도 좋은 추억이 될 거라 생각했다. 그렇게 아이들의 방학 봉사 활동이 시작됐다.

차원, 하수, 신 형사, 공 교장이 한 팀, 태산, 마리, 어 교감이 한 팀이 되어 민박집에서 가까운 집부터 찾아가기로 했다. 눈길을 헤치고 가 보니 상황은 더 심각했다. 눈이 마루보다 높이 쌓여 있고, 겨우 부엌과 밖에 있는 화장실을 오갈 수 있는 길만 뚫어 놓은 상태였다. 게다가 지붕에 눈이 너무 많이 쌓여 있어 자칫 잘못하면 그대로 지붕이 무너져 내릴 수도 있었다.

공 교장 팀이 간 곳은 그래도 할머니, 할아버지 두 분이 같이 사시는데, 어 교감 팀이 간 곳은 할머니 혼자 살고 계셨다. 3일 만에 사람을 본다며 어찌나 반가워하시는지 아이들은 마음이 아팠다.

제일 먼저 지붕 위의 눈부터 치웠다. 또 밖으로 다니실 수 있게 길도 내 드리고 가져간 식재료와 사탕, 과자 등 군것질거리도 드렸다. 거기에 안마까지 해 드리니 정말 좋아하시는 할아버지, 할머니. 아이들은 점점 더 마음이 따뜻해지는 걸 느꼈다.

한참 일하다 보니 어느새 저녁때가 되었다. 산속이라 그런지 금방 어두워졌다. 할머니, 할아버지가 아이들을 붙잡았다. 날이 빨리 어두워지니 밤도 길 터. 아이들은 할머니, 할아버지가 그동안 긴긴 밤을 얼마나 외롭게 지내셨을까 하는 생각에 저녁이라도 먹고 가라는 말씀을 차마 뿌리칠 수가 없었다. 결국 두 팀 다 저녁까지 얻어먹고 민박집으로 돌아왔다. 어제는 노느라, 오늘은 일하느라 온몸이 뻐근하고 힘들었다. 하지만 마음만은 정말 행복했다.

 이상한 사람들

민박집에 들어갔더니 묵고 있는 사람들이 더 있었다. 40대 초반으로 보이는 남자 둘이었다. 어 교감이 먼저 인사를 건넸다.

"처음 뵙겠습니다. 두 분도 봉사 활동 오셨나 봐요?"

하지만 남자들은 달갑지 않은 표정이었다.

"아니요."

한 남자가 마지못해 대답하더니 쌩하니 방으로 들어가 버리는 것이었

다. 어 교감이 무안한 듯 아이들을 보며 어깨를 으쓱했다. 방에 짐을 푼 아이들은 피곤했는지, 금방 잠이 들었다.

　다음 날도 일찍 일어나 아침밥을 먹고, 두 팀으로 나눠 집집마다 방문했다. 하루 종일 눈 치우고 집 안팎일 도와드리고 할아버지, 할머니에게 말벗도 되어 드리자니 하루가 눈 깜짝할 사이에 지나가 버렸다.

　그런데 저녁때가 되어 민박집에 돌아오는 길에 아이들은 어제 본 남자들과 또 마주쳤다. 길가에서 차 트렁크를 열고 옷을 갈아입고 있었다. 마리가 힐끗 보니, 흙 묻은 작업복과 장화가 보였다. 또 전등이 달린 헬멧도 있었다. 마리는 생각했다.

　'공사장에서 일하시나 보네.'

옷에 흙이 묻은 걸로 보나 장화에 헬멧까지 장비를 갖춘 걸로 보나, 공사장에서 일하는 사람들 같았다. 아이들은 어제의 일을 기억하고 그냥 간단하게 눈인사만 했다. 그런데도 남자들은 당황한 표정으로 얼른 트렁크 문을 닫는 게 아닌가. 뭔가 숨기는 게 있는 것처럼.

방에 들어오자 차원이가 말을 꺼냈다.

"저 아저씨들, 좀 수상하지 않아? 민박집 방을 놔두고 왜 차에서 옷을 갈아입지?"

마리가 본 것을 말했다.

"작업복에 흙이 많이 묻어 있더라고. 방에 흙 떨어질까 봐 그런 거 아닐까?"

태산이도 말했다.

"우리를 보더니 얼른 트렁크를 닫던데. 거기에 보물이라도 있나?"

그런데 다음 날은 더 이상한 일이 있었다. 역시 봉사 활동을 마치고 민박집에 들어왔는데, 남자들이 먼저 와 있었다. 아이들은 어제와 마찬가지로 가볍게 눈인사만 하고 지나가려 했는데, 한 남자가 물었다.

"학생들은 어디서 왔어?"

차원이가 대답했다.

"서울에서 왔어요."

그때 민박집 주인아저씨가 끼어들었다.

"이 학생들, 보통 학생들이 아니에요. 아주 유명한 형사들이에요."

그런데 말이 끝나자마자 남자들이 흠칫 놀라는 것이었다. 먼저 말을 걸었던 남자가 놀란 표정을 숨기며 물었다.

"형사요? 에이, 아이들이 무슨 형사예요."

민박집 주인아저씨가 다시 대답했다.

"어린이 과학 형사대 CSI, 몰라요? 어른들도 해결하지 못한 사건을 이 학생들이 척척 해결해서 신문에도 대문짝만 하게 나고 그랬대요."

'그랬대요'라고 하는 걸 보니, 누군가에게 들은 얘기를 전하는 것. 어 교감이 한바탕 자랑을 한 게 분명하다.

그런데 그 말을 들은 남자들의 표정이 더 굳어지더니, 슬금슬금 자리를 피하는 것이었다. 역시 수상하다. 뭔가 숨기는 게 분명하다.

아이들은 밤에 모여 이야기를 나눴다. 태산이가 의문을 제기했다.

"진짜 수상해. 우리가 형사라는데 그렇게까지 놀랄 건 없지 않나?"

차원이도 동의했다.

"그래. 뭔가 나쁜 짓을 하고 있는 게 분명해."

하수가 고개를 갸웃하며 말했다.

"이렇게 깊은 산골에서, 그것도 온통 눈으로 뒤덮인 곳에서 나쁜 짓 할 게 뭐가 있어?"

그러게 말이다. 수상하기는 한데, 도대체 무엇인지 아무리 생각해도 떠오르는 게 없었다.

그런데 다음 날 새벽, 드디어 일이 벌어졌다.

"여보! 이 사람들 어디 갔어?"

모두 자고 있는데, 주인아저씨가 버럭 소리를 질렀다. 아이들은 깜짝 놀라 잠에서 깼다.

아주머니의 대답 대신 어 교감의 목소리가 먼저 들렸다.

"왜요? 아침 일찍 일 나간 거 아니에요?"

"짐이 하나도 없어요. 말도 없이 갔나 봐요. 여보! 이 사람들 방 값 내고 갔어?"

그제야 아주머니가 부엌에서 나오며 말했다.

"아유, 내고 갔어요. 새벽부터 왜 소리를 질러요. 손님들 다 주무시는데."

주인아저씨는 그제야 목소리를 낮추며 말했다.

"주고 갔어? 난 또 그냥 도망간 줄 알았지."

"방 값하고 밥값하고 다 주고 갔어요."

아저씨가 다시 물었다.

"그런데 왜 벌써 갔지? 일주일은 있을 거라고 했잖아."

"그러게요. 내가 왜 벌써 가냐고 물었는데 대답도 안 하던데요."

아저씨와 아주머니의 얘기에 어 교감이 끼어들었다.

"그 사람들 여기 뭐 하러 온 거예요?"

어 교감도 그게 궁금했나 보다. 아저씨가 대답했다.

"몰라요. 통 얘기를 안 하니, 뭐."

"근처 공사장에서 일하는 거 같던데. 만날 옷에 흙을 잔뜩 묻혀 가지고 오더라고요."

어 교감의 얘기에 아저씨가 갸웃하며 말했다.

"에이, 공사장 인부는 아닐걸요. 이 근처에 공사하는 데 없어요. 두메산골인데."

듣고 보니 그렇다. 들어오면서도 봤지만 굽이굽이 산길에, 사방이 눈으로 덮여 있는 겨울에 무슨 공사를 하겠는가. 수상하다는 생각에 아이들뿐 아니라 신 형사와 공 교장까지 마루로 나왔다. 그 사람들, 도대체 뭐 하는 사람들일까?

 신원을 알아내다

신 형사가 물었다.

"그 사람들은 여기에 언제 왔어요?"

"4일 전 밤에요."

마리는 이틀 전, 트렁크 안에 들어 있던 것이 생각나 말했다.

"자동차 트렁크 안에 흙 묻은 작업복에 장화, 전등 달린 헬멧까지 있던데요."

그러자 태산이가 말했다.

"전등 달린 헬멧? 그건 컴컴한 데 들어갈 때 쓰는 거잖아."

"그리고 장화를 신었다는 건 물이 있는 곳에 갔다는 뜻인데. 그럼 혹시 동굴에 갔던 게 아닐까?"

차원이의 말에 하수가 생각난 듯 말했다.

"동굴? 그럴 수도 있겠다. 정선은 석회암 지대라 석회 동굴이 아주 많거든."

그러더니 다시 깜짝 놀라며 말했다.

"가만, 정말 동굴 속 보물을 훔치러 온 건가 봐!"

차원이가 눈이 동그래져 물었다.

"보물? 무슨 보물?"

하수가 설명했다.

"정선과 영월은 석회암 지대야. 석회암을 이루고 있는 방해석이라는 광물은 산성을 띠는 물에 쉽게 녹는 성질이 있어. 그런데 지표에서 스며드는 빗물이나 지하를 흐르는 지하수가 공기 중의 이산화탄소와 만나면 산성인 탄산이 만들어지거든. 이 탄산 성분이 석회암과 만나면 석회암이 녹으면서 동굴이 형성되지. 그래서 석회암 지대인 강원도 정선과 영월 사이 동강 주변에는 석회 동굴이 아주 많아. 현재 확인된 것만 250개가 넘을 정도야."

마리가 물었다.

"그런데 동굴이 많은 것과 보물이 무슨 상관이야?"

"석회 동굴에서만 만들어지는 보물이 있거든. 종유석, 석순, 석주 같은 거지."

태산이가 아는 척을 했다.

"아! 석회 동굴에 매달려 있는 거?"

"그래. 그건 종유석이라고 해. 동굴 천장에서 지하수가 떨어지면 지하수의 석회 성분에서 수분이 증발하고 다시 결정이 생기거든. 고드름처럼 자란 것이 바로 종유석이야. 또 동굴 바닥에 물방울이 떨어져 결정이 위로 자란 것은 석순, 종유석과 석순이 붙어 기둥 모양이 된 것은 석주라고 하지."

차원이가 말했다.

"나도 영월에 있는 고씨동굴에 가 봤는데, 진짜 멋있더라."

어 교감이 말했다.

"석회 동굴은 자연이 만들어 낸 천혜의 보물로 학술적으로도, 관광자원으로도 큰 가치가 있어. 그래서 몇몇 동굴들은 천연기념물로 지정해 보호하고 있지."

그러자 하수가 말했다.

"종유석이나 석순 같은 동굴 생성물을 훼손하는 것도 금지되어 있잖아요."

마리가 놀라며 물었다.

"그럼 그 아저씨들이 동굴 생성물을 훔치려고 했다는 거야?"

하수가 대답했다.

"수상하잖아. 동굴에 들어가는 복장을 하고, 매일 흙을 잔뜩 묻혀 가지고 오고. 트렁크를 얼른 닫은 것도 그렇고, 우리가 형사라고 하니까 새벽같이 나간 것도 그렇고."

듣고 있던 주인아저씨가 말했다.

"가만, 그럼 혹시 저기 산 위에 있는 동굴 아냐? 1년 전에 굉장히 큰 석회 동굴이 발견됐거든. 아직은 개발 중인데, 겨울이라 작업을 중단한 건지 입구를 막아 놨던데, 거길 들어갔나 보구먼."

신 형사가 말했다.

"예전에 평창에 있는 백룡동굴에서도 종유석 도난 사건이 있었어요."

공 교장이 말했다.

"그렇다면 일단 그 남자들의 신원 조회부터 해 보는 게 좋겠군."

어 교감이 아저씨에게 물었다.

"그 사람들 전화번호 같은 게 남아 있나요?"

"네. 전화로 예약했으니까 적어 놓은 게 있을 거예요."

아저씨는 얼른 방으로 들어가 전화번호를 가지고 나왔다. 이름은 장승태였다.

공 교장이 명령했다.

백룡동굴

강원도 평창군에 있는 백룡동굴은 총 길이가 1.8킬로미터나 되는 천연 석회 동굴이야. 1976년에 발견돼 1979년에 천연기념물 제260호로 지정되었지. 하지만 종유석 도난 사건 등을 겪은 뒤 보존을 위해 개방하지 않다가 2010년 일반인에게 개방됐어. 11m나 되는 국내 최대 규모의 동굴 커튼과 달걀부침을 빼닮은 에그프라이형 석순, 그리고 삿갓 석순, 동굴 방패 등 신기한 동굴 생성물들이 가득하지.

"신 형사는 아이들이랑 동굴에 가 보고, 어 교감은 신원 조회해 봐."

"네!"

모두 대답하자, 주인아저씨가 나섰다.

"동굴이 어디 있는지는 내가 가르쳐 줄게요."

신 형사와 아이들은 민박집 아저씨와 함께 차를 타고 동굴 입구로 갔다. 그런데 동굴 입구에 있는 철문이 열려 있는 게 아닌가!

"며칠 전까지만 해도 분명히 닫혀 있었는데! 정말 종유석 도둑이 맞나 보네."

아저씨의 말에 차원이가 물었다.

"들어가 볼까요?"

신 형사가 대답했다.

"아직 개발 중인 동굴이라 위험해요. 안전 장비도 없고."

그때였다. 정선 경찰서에 연락해 장승태에 대해 알아본 어 교감이 전화했다.

"장승태, 전과 2범. 그중 한 번은 종유석 절도 혐의였어."

예감이 딱 맞았다. 범인들은 이곳에서 동굴이 발견돼 개발 중인 것과 겨울이라 작업이 중단된 사실을 알고, 몰래 종유석을 잘라 팔기 위해 온 것이다.

어 교감이 말했다.

"수배령 내렸으니까 따라가 봐. 차량 위치 파악되면 알려 줄게."

주인아저씨는 민박집으로 돌아가고, 신 형사와 아이들은 장승태 일당을 쫓기 시작했다.

 종유석 도둑을 잡다

그런데 큰길가에 나왔을 때, 어 교감이 다시 전화했다.

"차량 위치 알아냈어. 59번 국도 영월 방향 3킬로미터 지점이야. 경찰도 그쪽으로 가고 있으니까 빨리 따라붙어."

신 형사는 어 교감이 얘기한 곳으로 차의 속력을 높였다.

잠시 후 신 형사와 아이들은 먼저 도착한 경찰에게 조사받고 있는 장승태 일행을 발견했다. 신 형사와 아이들이 차에서 내리자, 흠칫 놀라는 두 남자. 신 형사가 다가가 말했다.

"장승태 씨 맞죠? 트렁크 좀 조사하겠습니다."

그러자 장승태가 버럭 화를 냈다.

"트렁크는 왜요? 죄 없는 시민에게 왜 이러십니까?"

태산이가 물었다.

"잘못한 게 없는데 왜 도망을 가셨죠?"

"도망가긴 누가 도망을 가? 급한 일이 있어서 일찍 나온 건데."

장승태의 대답에 마리가 말했다.

"그런데 종유석 절도죄로 구속된 적이 있으시더라고요."

순간, 굳어지는 두 남자. 하지만 장승태는 계속 우겼다.

"그게 뭐? 그럼 지금 우리가 종유석을 훔치기라도 했단 말이야?"

신 형사는 대답 대신 또 다른 남자에게 물었다.

"신분증 좀 보여 주세요."

남자는 장승태의 눈치를 보더니 주민등록증을 내밀었다. 이름은 허삼수. 나이는 41세. 차원이가 장승태에게 말했다.

"정말 떳떳하다면 트렁크를 보여 주세요. 그러면 되잖아요."

"나 참 기가 막혀서. 좋아! 보여 준다, 보여 줘."

장승태는 큰 소리를 치더니 트렁크를 열었다. 그런데 지난번에 마리가 봤던 흙이 묻은 작업복과 장화, 헬멧 그리고 삽과 톱 같은 연장만 들어 있는 것이었다. 하수가 물었다.

"이건 다 뭐에 쓰시는 거예요?"

"뭐에 쓰긴. 일할 때 쓰지."

의심 갈 만한 물건들이긴 하지만 흔히 공사장에서 쓰는 도구들이니, 이것만 가지고는 증거가 안 된다. 마리가 물었다.

"어디에서 무슨 일을 하시는데요?"

허삼수가 우물쭈물하며 대답을 못 하자 장승태가 버럭 화를 내며 말했다.

"그런 것까지 다 보고해야 돼? 너희가 형사면 다야?"

이렇게 실랑이를 하는 사이 차원이는 트렁크 안을 자세히 살폈다. 그런데 바닥 안쪽에 있는 타이어 보관 자리의 뚜껑이 살짝 떠 있는 게 보였다. 차원이는 얼른 뚜껑을 열었다. 그런데 이게 뭔가! 포대 자루가 두 개나 들어 있었다. 차원이가 장승태를 보며 물었다.

"그럼 이건 뭐죠?"

깜짝 놀라는 장승태와 허삼수. 신 형사가 얼른 포대 자루를 열고 에어캡으로 잘 싸여진 물건을 꺼냈다. 그리고 에어캡을 벗기자, 돌덩어리 같은 게 나왔다.

하수가 놀라 말했다.

"종유석이에요!"

다른 포대 자루에도 역시 잘린 종유석이 들어 있었다. 수상하다 했더니, 정말 종유석을 훔쳐 달아난 도둑이었던 것이다.

모든 사실이 탄로 나자 장승태와 허삼수는 도망을 치려고 했다. 하지만 경찰이 몇 명인데 도망을 가겠는가. 바로 잡혀 수갑이 채워졌다. 태산이가 의기양양하게 말했다.

"당신들을 종유석 절도범으로 체포합니다."

정말 우연치 않게 종유석 도둑을 잡게 된 것이다. 두 남자는 경찰차에 태워져 정선 경찰서로 보내졌다.

새벽부터 한바탕 소동을 치르고 돌아오자, 민박집 주인아저씨가 놀라며 말했다.

"진짜 유명한 형사들 맞네. 수상한 사람들을 금방 알아보니 말이야. 난 며칠 동안 봤어도 수상하다곤 생각도 못 했는데."

아주머니도 말했다.

"어디 그뿐이에요? 잡으러 간다더니 진짜 눈 깜짝할 사이에 잡고 오잖아요. 정말 대단하네, 대단해."

아이들도 기분이 좋았다. 종유석을 자르기 전에 잡았으면 더 좋았겠지만 그래도 더 큰 피해를 막았으니. 차원이가 하수에게 물었다.

"잘라 낸 종유석은 어떻게 해? 다시 붙일 수 있나?"

하수가 대답했다.

"일단 붙여 봐야겠지만 아마 붙여도 티가 날 거야."

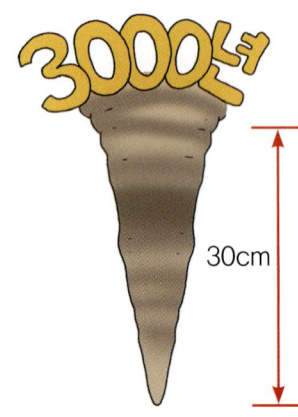

태산이도 물었다.

"아까 본 종유석이 만들어지려면 시간이 얼마나 걸릴까?"

"물의 양과 속도에 따라 다르겠지만 보통 1년에 0.1밀리미터 정도 자란대. 아까 본 게 30센티미터 정도였으니까 자그마치 3,000년이나 걸린 거지."

하수의 설명에 아이들은 깜짝 놀랐다. 마리가 안타까운 듯 말했다.

"어떡해. 귀중한 보물이 훼손돼서. 정말 나쁜 사람들이다. 돈 때문에 아름다운 자연을 망쳐 놓다니."

그러게 말이다. 그때 공 교장이 시계를 보더니 놀라 말했다.

"아이고, 벌써 9시가 다 됐네. 빨리 아침 먹고 일하러 가야지."

"네!"

아이들은 마지막 날도 열심히 할아버지, 할머니를 도와 드렸다. 저녁 때가 되자 동네 어르신들이 모두 마을 회관으로 오셨다. 민박집 아주머니가 감자와 고구마를 간식으로 가져오시고, 아이들의 노래자랑이 펼쳐졌다. 최고의 가수는 역시 태산이. 잊고 있었는데 한때 가수 지망생이 아니었던가.

모두 함께 웃고 즐기는 사이, 겨울밤은 점점 더 깊어 갔다. '사랑은 받는 것보다 주는 게 더 행복하다'는 말이 있지 않던가. 이로써 아이들에게는 오랫동안 기억될 또 하나의 행복한 추억이 생긴 것이다.

 ## 하수가 들려주는 사건 해결의 열쇠

봉사 활동 중에 만난 수상한 사람들. 그들이 석회 동굴에서 종유석을 훔쳤다는 것을 알아낸 것은 석회암과 석회 동굴에 대해 잘 알았기 때문이지.

💡 석회암이란?

우리가 사는 한반도에는 다양한 종류의 암석들이 분포해 있어. 가장 흔한 암석은 변성암과 화강암인데, 이들이 전체 국토의 70%를 차지하고 있지. 나머지 30%는 퇴적암이야. 석회암은 주성분이 탄산칼슘으로 이루어진 퇴적암을 말해.

평안남도, 함경남도, 황해도, 강원도, 충청북도, 경상북도 등이 석회암 지대야. 특히 강원도의 삼척, 동해, 평창, 영월, 정선, 그리고 충북의 단양이 유명하지.

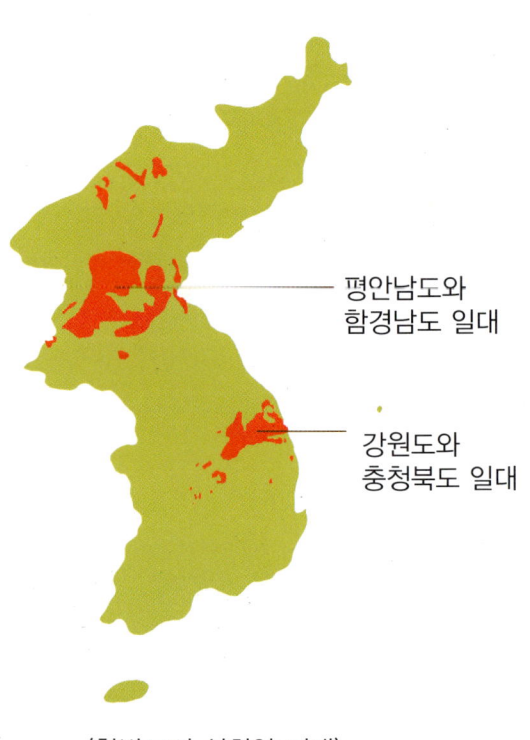

〈한반도의 석회암 지대〉

💡 석회 동굴이 만들어지는 과정

석회암을 주로 이루는 광물은 탄산칼슘 결정인 방해석이야. 탄산칼슘은 산성을 띠는 물에 쉽게 녹는 성질이 있어. 그런데 지표에서 스며든 빗물이

나 지하를 흐르는 지하수가 공기 중의 이산화탄소와 만나면 산성을 띠는 탄산이 돼. 이것이 석회암과 만나면 석회암이 녹게 되는데, 이를 용식 작용이라고 하지.

용식 작용이 오랜 시간 계속되면 동굴이 형성돼. 이렇게 만들어진 동굴이 바로 석회 동굴이야. 동굴 안으로 물이 계속 공급되면 동굴이 계속 발달하고, 물이 공급되지 않으면 성장이나 발달이 멈추지.

그래서 석회 동굴은 석회암 지대인 강원도 삼척, 영월, 정선 등과 충북의 제천, 단양 등지에 집중적으로 모여 있어. 정선과 영월 사이 동강 주변에는 현재 확인된 것만 256개 정도의 동굴이 있다고 알려져 있지.

〈석회 동굴이 만들어지는 과정〉

💡 신비한 동굴 생성물

석회 동굴에는 신기한 것이 아주 많아. 동굴 천장에서 지하수가 떨어지면 지하수의 석회 성분에서 수분이 증발하면서 다시 결정이 되거든. 오랜 시간이 지나면 점점 아래 방향으로 고드름처럼 자라게 되는데, 이것이 바로 종유석이야. 또 물방울이 동굴 바닥에 떨어져서 위로 자라는 석순, 종유석과 석순이 붙어 기둥 모양이 되는 석주도 만들어지지.

그 밖에도 물방울이 벽면을 따라 흐르다 굳어진 유석과 산간의 계단 농지처럼 생긴 석회화 단구, 천장이나 벽에 핀 꽃 모양의 석화, 중력과 관계없이 자란 곡석 등 석회 동굴에는 신비하고 놀라운 동굴 생성물들이 많아.

〈동굴 생성물들〉

💡 종유석 도난 사건

1997년 강원도 평창군에 있는 천연기념물 제260호 백룡동굴에서 '남근

석'이라고 불리는 원통 모양의 종유석이 잘려 외부로 반출된 사건이 발생했어. 다행히 범인을 잡아 다시 봉합해 붙였지만 잘린 흔적이 아직 남아 있지. 또 1999년에는 제주도 북제주군에 있는 천연기념물 제384호 당처물동굴에서도 종유석, 석주 등이 15개나 잘려 나간 사건도 있었어.

천연 석회 동굴은 동굴 생성에 관한 연구나 동굴에 사는 각종 동물에 대한 연구를 하는 데 아주 중요한 곳이야. 또 수억 년의 신비를 품은 훌륭한 관광 자원이니까 잘 보존하고 지켜야 돼.

그러니까 생각해 봐. 수상한 행동의 두 남자. 그들이 황급히 도망간 이유를 생각하던 중 정선에 석회 동굴이 많은 것을 생각해 냈지. 그래서 그들을 추적한 결과, 개발 중인 석회 동굴에서 종유석을 훔쳐 낸 일당임을 밝힐 수 있었던 거야.

핵심 과학 원리 | 물의 압력과 힘

친구인지, 아닌지

아이들 사이에는 긴장감이 돌기 시작했다. 마치 누가 더 늦게 자고, 더 일찍 일어나나 내기를 하듯이 공부를 하는 것이었다. 아무도 드러내 놓고 말하지는 않았지만 아이들은 서로에게 경쟁심을 느끼고 있었다.

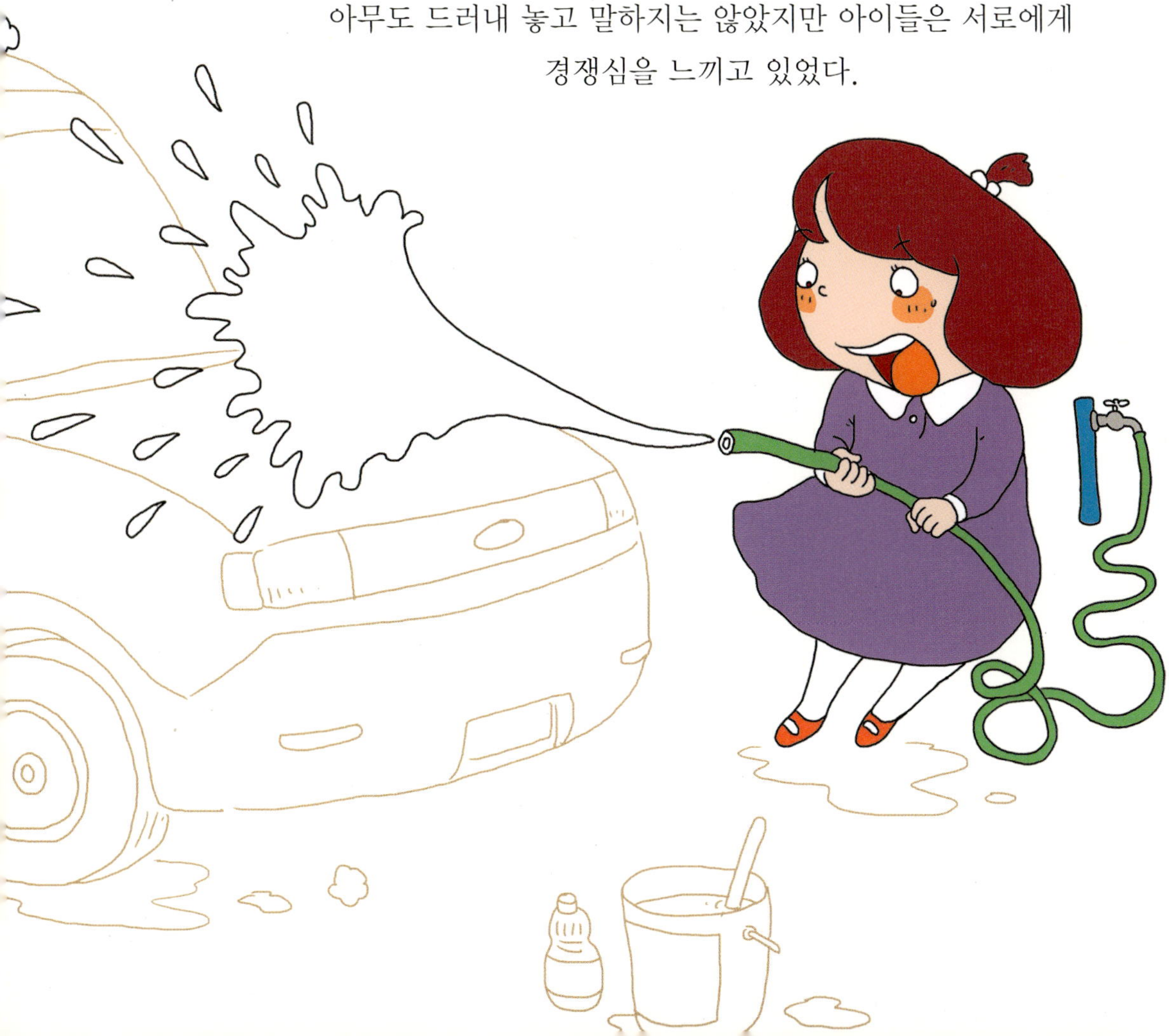

 ## 친구의 죽음

　벌써 3학년이다. 눈 깜짝할 사이에 방학이 끝나고 새 학기가 시작되자, 아이들은 마음이 무거웠다. 공부할 게 많기도 했지만 경쟁도 치열해졌기 때문이다.

　이제까지 최고 점수를 받은 아이는 고차원. 머리도 좋은 데다 뭐든지 의욕적이고 재빠르니 다른 아이들은 따라갈 수가 없었다. 다음은 마리. 성실성 하나로 언제나 좋은 점수를 받았다. 세 번째는 하수. 늘 열심히 하지만 생각만큼 점수가 나오지 않아 속상해하는 스타일. 마지막은 태산이. 머리는 좋은데 전혀 노력하지 않으니 점수가 좋을 리 없었다.

　그런데 3학년이 되자 태산이가 일대 반란을 일으키기 시작했다. 갑자기 무슨 마음을 먹었는지 엄청 열심히 공부하는 것이었다. 그러더니 새 학기 첫 시험 모든 과목에서 모조리 1등을 차지하는 게 아닌가. 차원이는 위기감을 느꼈다.

　'이러다 계속 1등 놓치는 거 아냐?'

　아이들 사이에는 긴장감이 돌기 시작했다. 마치 누가 더 늦게 자고, 더 일찍 일어나나 내기를 하듯이 공부를 하는 것이었다. 아무도 드러내 놓고 말하지는 않았지만 아이들은 서로에게 경쟁심을 느끼고 있었다.

　교장실에 모여 아침 회의를 하던 중, 공 교장이 얘기를 꺼냈다.

　"애들, 너무 무리하는 거 아닐까?"

어 교감이 말했다.

"에이, 걱정 마세요. 얼마나 가겠어요. 그나저나 강태산, 언젠가는 홈런을 한 번 칠 것 같더니, 드디어 해내네요."

그러자 신 형사가 말했다.

"아직 홈런은 아니고 안타 정도죠. 더 길게, 멀리 쳐야 홈런이죠."

어 교감이 웃으며 말했다.

"그런가? 하하하. 하기야 친구 사이의 적당한 경쟁심은 서로를 발전시켜 주지."

그런데 그때 전화가 왔다. 어 교감이 전화를 받으며 말했다.

"누구지? 아침부터?"

"지금 이 시간에 오는 전화면 사건밖에 없지."

공 교장의 말이 딱 맞았다. 사망 사건이 발생한 것이다. 신 형사가 아이들을 불렀다.

"오늘 아침 7시에 신고 들어온 사망 사건이에요. 피해자는 박두식. 나이는 43세. 신고자는 피해자의 친구인 길용민이에요."

길용민이 아침 일찍 회사에 출근해 보니, 친구이자 회사 사장인 박두식이 숨진 상태로 소파에 누워 있는 것을 발견해 신고했다는 것.

아이들은 곧바로 시신이 안치된 병원으로 가서 길용민을 만났다. 길용민이 울먹이며 말했다.

"어쩌다 이런 일이! 내가 술 많이 먹지 말라고 했는데……. 흑흑흑."

길용민은 갑작스런 친구의 죽음에 슬픔을 감추지 못했다. 태산이가 물었다.

"술을 많이 먹다니요?"

"어제저녁에 같이 술을 마셨거든. 나는 몸이 안 좋아서 먼저 일어났는데, 아침에 보니까 두식이가 집에 안 들어왔더라고."

박두식은 작은 청소업체의 사장. 길용민은 3개월 전부터 그의 회사에서 같이 일할 뿐만 아니라 같은 집에서 살고 있다고 했다. 마리가 물었다.

"두 분이 많이 친하셨나 봐요?"

"말 그대로 절친이었지. 내가 형편이 안 좋아진 걸 알고, 자기 회사에도 나오라고 하고 집에도 살게 해 줬어. 참 고마운 친군데……. 흑흑흑."

3개월 전, 길용민은 사업에 망해 집을 팔아 빚을 갚아야 했단다. 가족들은 처가에 보냈지만 자신은 오갈 데가 없었다고 했다. 그런데 그 소식을 들은 박두식이 일자리도 주고 자기 집에서 함께 지내게 해 줬다는 것.

하수가 물었다.

"박두식 씨의 가족은 없나요?"

"부인과는 10년 전에 이혼했어. 아이도 없고. 시골에 어머님만 계신데, 지금 올라오시는 중이야."

신 형사가 물었다.

"어제 술자리에는 몇 명이 있었나요?"

"셋이요. 두식이랑 저랑 또 같이 일하는 김찬종 씨랑요."

마리가 물었다.

"길용민 씨가 먼저 일어나셨으면 박두식 씨랑 김찬종 씨, 둘이 남은 건가요?"

"그렇지."

그렇다면 김찬종부터 만나 봐야 한다. 태산이와 마리는 김찬종을 만나 보고, 차원이와 하수는 셋이 술을 마셨다는 가게와 박두식의 회사에, 그리고 신 형사는 병원으로 가 의사를 만나 보기로 했다.

의사가 신 형사에게 말했다.

"피해자의 온몸에 타박상과 찰과상이 있어요. 부검을 해 봐야 정확히 알겠지만 직접적인 사망 원인은

장 파열 사망 사건

2007년 울산의 한 어린이집에 다니던 성민이는 소장 파열에 의한 복막염으로 사망했어. 성민이의 얼굴과 머리 등에서 멍과 상처가 발견됐지만 당시 법원은 원장 부부에게 아동 학대 혐의를 적용하지 않고 업무상 과실 치사만 인정했지. 또 2014년 경북 칠곡군에서도 계모가 아이를 발로 차 장 파열로 숨지게 한 사건이 발생했어. 연이은 아동 학대 사건들에 여론이 거세지면서 2014년부터 '아동 학대 특례법'이 시행돼 처벌이 강화됐지만 아직도 학대받는 아이들이 많이 있어. 그러니까 더 이상 학대받는 아이들이 생기지 않도록 우리 모두 힘을 모아야 해.

장 파열인 것 같습니다."

"그럼 누군가에게 심하게 맞았다는 건가요?"

"네. 그랬을 가능성이 큽니다."

장 파열은 외부로부터 강한 충격이나 압박을 받았을 때 일어나는 것으로 장이 파열된 곳으로 음식물이나 소화액, 장내 세균 등이 흘러나오면서 복벽이 단단해지고 점막에 궤양, 괴사 등이 생겨 심한 통증이 발생, 결국 사망하게 되는 병이다.

신 형사가 물었다.

"술을 마셨다고 하던데요?"

"네. 피해자에게서 술 냄새가 많이 나더라고요. 아! 그리고 온몸이 물에 젖어 있었어요. 속옷까지 흠뻑."

신 형사는 지난밤 비가 온 게 생각났다. 그렇다면 박두식은 비 오는 날 술을 마시고, 누군가에게 맞아 장 파열을 일으킨 게 분명하다. 그러니 이제 박두식을 때린 사람이 누구인지, 그걸 밝혀야 한다.

 범인은 김찬종?

한편 태산이와 마리는 길용민이 가르쳐 준 김찬종의 집으로 갔다. 초인종을 누르니 부인이 나왔다. 태산이와 마리가 신분증을 내밀며 김찬종을 찾자 부인이 놀라 물었다.

"우리 집 양반은 자는데. 왜? 무슨 일인데?"

태산이가 물었다.

"박두식 씨, 아시죠? 오늘 아침에 숨진 채 발견됐어요."

그러자 부인이 깜짝 놀라며 말했다.

"뭐? 박 사장님이? 여보! 여보!"

부인은 부리나케 집 안으로 뛰어 들어가며 김찬종을 깨웠다.

"여보, 일어나 봐요. 박 사장님이 죽었대. 여보!"

술이 덜 깼는지 짜증 섞인 목소리가 들렸다.

"깨우지 마. 오늘 일 없다니까."

"아유, 이이가. 정신 좀 차려 봐요. 박 사장님이 죽었다니까."

"뭐? 박 사장이? 왜?"

이제야 정신이 든 모양. 잠시 후 놀란 표정의 김찬종이 옷을 여미며 뛰어나왔다.

"무슨 소리야? 박 사장이 왜 죽어?"

태산이와 마리가 자초지종을 설명했다. 김찬종은 믿기지 않는 듯 다시 물었다.

"진짜야? 진짜 죽었어?"

태산이가 대답했다.

"네. 길용민 씨가 오늘 아침 회사에서 발견해 신고했는데, 이미 사망한 상태였습니다."

부인이 눈물을 글썽이며 말했다.

"어떻게 그런 일이……."

김찬종은 술이 덜 깨 그런지, 아니면 어제의 일을 생각해 보는 건지 한참을 멍한 표정으로 있더니 또다시 물었다.

"정말? 정말 죽었단 말이야? 왜? 왜 갑자기?"

마리가 대답했다.

"원인은 아직 수사 중입니다. 그런데 어제 같이 술을 드셨다고 하던데 몇 시쯤 헤어지셨나요?"

김찬종은 어리바리한 표정으로 대답했다.

"몇 시? 그, 글쎄 모르겠는데."

그러자 부인이 대신 대답했다.

"당신, 새벽 1시쯤 들어왔어."

그러자 김찬종은 갑자기 벌떡 일어나며 말했다.

"안 되겠어. 내 눈으로 봐야지. 지금 어디 있어? 박 사장, 어디 있냐고?"

마리가 말했다.

"병원이요."

김찬종은 황급히 나섰다.

그런데 김찬종을 따라 집에서 나오던 마리는 현관 옆 세탁실에 쌓인 옷을 발견했다. 흠뻑 젖은 데다 흙이 묻어 있는 상태. 아무래도 어제 김찬종이 비를 맞고 들어와 벗어 놓은 옷 같았다.

비가 왔으니 비에 젖은 건 이상할 게 없지만 흙이 묻은 건 박두식과 몸싸움을 했기 때문이 아닐까? 박두식이 사망하기 전까지 함께 있었던 사람도 김찬종이니, 김찬종이 의심스럽다.

아이들은 김찬종을 데리고 병원으로 향했다. 김찬종은 사망한 박두식의 얼굴을 확인하자 바닥에 주저앉아 울었다.

"아이고, 박 사장! 어떻게, 어떻게 이런 일이……. 흑흑흑."

김찬종은 박두식의 죽음에 큰 충격을 받은 듯했다. 아이들에게 보고를 받은 신 형사는 김찬종을 데려오라고 했다.

"마지막까지 함께 있었던 분이니까 좀 더 조사가 필요합니다."

태산이가 얘기하자 김찬종은 순순히 따라나섰다.

그 시간, 차원이와 하수는 셋이 술을 마셨다는 마포집으로 갔다. 박두식을 아냐고 묻자 주인아주머니가 대답했다.

"알지. 단골인데."

하수가 박두식의 사망 사실을 말하자 아주머니는 소스라치게 놀랐다.

"에구머니나! 어쩌다가? 바로 어제도 여기 왔었는데……."

하수가 물었다.

"어제 몇 시까지 계셨죠?"

"밤 12시. 가게 문 닫을 때 나갔으니까."

차원이가 물었다.

"길용민 씨는 먼저 일어났다고 하던데 맞나요?"

"맞아. 길 씨는 10시쯤 갔고, 둘이 남아서 한참 있었어."

이번에는 하수가 물었다.

"혹시 박두식 씨와 김찬종 씨가 다투거나 하진 않았나요?"

아주머니는 잠시 기억을 더듬더니 생각난 듯 말했다.

"아! 좀 다투긴 했어. 그런데 둘이 원래 그래. 사장이랑 직원 같지 않고, 그냥 친구 같은 사이야. 그래서 그런지 술 마시면 만날 투닥투닥해. 그러다가 또 금방 화해하고 그러지. 나갈 때는 괜찮았어."

김찬종이 평소에는 아주 순한데, 술이 들어가면 좀 과격해지는 면이 있단다. 그리고 박두식도 맘은 좋은데, 말투가 세서 둘이 술을 마시면 자주 옥신각신했다는 것. 그렇다면 가게에서 나간 후 둘 사이에 큰 싸움이 일어났던 건 아닐까? 둘이 싸우다 헤어졌지만 김찬종은 박두식이 죽었을 거라고는 예상하지 못했을 수도 있다. 그러니 그렇게 태평하게 자고 있지 않았을까?

차원이와 하수는 박두식의 회사에도 가 봤다. 반짝청소라는 작은 청소업체로 주택가 끝의 공터에 컨테이너 박스로 만든 사무실이 있었고, 사무실 옆의 창고에는 각종 청소 도구들이 비치되어 있었다.

그런데 사무실에 들어가 보니, 바닥이 아직도 물에 젖어 있었다. 하

수가 말했다.

"어젯밤에 박두식 씨가 비를 많이 맞았나 봐. 아직까지 사무실 바닥에 물이 흥건해. 분명 박두식 씨 옷이랑 몸에서 흘러내린 물일 텐데 말이야."

소파를 만져 보던 차원이도 말했다.

"소파도 젖어 있어. 의사 말로는 속옷까지 젖어 있었다던데, 어제 비가 그렇게 많이 왔나?"

하수가 의견을 말했다.

"많이 왔다는 얘긴 못 들었는데. 싸우다가 물웅덩이 같은 데 빠진 게 아닐까?"

그랬을 수도 있다. 그런데 사무실 옆의 창고를 살펴보러 가는데, 창고 입구에 하수의 눈에 띄는 게 있었다. 바로 소주병. 쓰레기를 모아 두는 곳도 아닌데 병이 바닥에 나뒹굴고 있었다. 하수가 병을 들어 보이며 말했다.

"소주병이 왜 여기 있지?"

차원이가 대수롭지 않게 말했다.

"어제 박두식 씨가 마신 거 아닐까? 아니면 이전에 마시고 버린 걸 수도 있고."

"그런가."

차원이와 하수는 소주병을 그대로 두고 학교로 돌아갔다.

친구인지, 아닌지 99

새로운 의문점

김찬종이 도착하자, 신 형사가 조사를 시작했다.

"어제 박두식 씨랑 다퉜습니까?"

"아니요. 그런 일 없었는데요."

"가게 아주머니가 처음에 좀 다퉜다고 하시던데요."

김찬종은 그제야 생각난 듯 말했다.

"아! 그게 뭐 다툰 거예요. 박 사장이 자꾸 저더러 뚱뚱하다고 살 빼라고 하기에 짜증 나서 소리 한 번 지른 건데."

김찬종은 키가 크고 몸무게도 상당히 나가 보였다. 박두식이 자신을 늘 놀렸는데, 평소엔 그냥 듣고 있다가 술김에 큰소리를 좀 낸 것일 뿐, 큰 싸움은 아니었다고 했다. 신 형사가 다시 물었다.

"가게에서 나간 뒤에 박두식 씨랑 어디에서 헤어졌나요?"

김찬종은 한참 생각하더니 고개를 저으며 말했다.

"잘 모르겠어요. 어젠 많이 취해서 기억이 안 나요."

신 형사가 또 물었다.

뚱뚱한 사람이 물에 더 잘 뜬다?

물 위에 기름을 떨어뜨리면 둥둥 뜨는 걸 볼 수 있지? 기름은 물보다 밀도가 작기 때문에 물 위에 떠. 뚱뚱한 사람의 몸에는 보통 사람보다 체지방이 많아. 체지방은 기름과 같이 물보다 밀도가 작지. 그래서 몸에서 힘을 다 뺀다면, 뚱뚱한 사람이 마른 사람이나 근육질인 사람보다 물에 잘 뜬다고 할 수 있지.

"밤 12시쯤 가게에서 나갔다고 하던데, 집에는 왜 새벽 1시에나 들어가셨죠? 김찬종 씨 집은 마포집에서 꽤 가깝지 않습니까?"

그러나 김찬종은 역시 같은 대답을 했다.

"그것도 기억이 잘 안 나요. 솔직히 집에 어떻게 찾아갔는지도 모르겠어요."

무조건 기억나지 않는다고 하는 김찬종. 과연 진짜 모르는 걸까 아니면 모르는 척하는 걸까?

"그럼 왜 박두식 씨는 집으로 가지 않고 회사로 간 거죠?"

신 형사는 그게 이상했다. 마포집을 기준으로 하면 박두식의 집은 회사보다 훨씬 가깝다. 그런데 박두식은 왜 밤중에 집으로 가지 않고 회사로 간 것일까? 김찬종이 대답했다.

"박 사장 술버릇이에요. 혼자 산 지 오래돼서 그런지 술만 마시면 회사에서 자더라고요."

그렇다면 박두식과 김찬종은 마포집에서 나와 삼거리까지 같이 갔을 확률이 높다. 거기에서 헤어져 박두식은 회사로, 김찬종은 집으로 갔을 것이다. 그사이에 둘이 크게 싸운 것은 아닐까?

신 형사는 김찬종의 몸을 살펴봤다. 그런데 겉으로 봐서는 멍 자국이나 긁힌 자국이 전혀 보이지 않았다. 신 형사는 생각했다.

'김찬종이 힘이 더 세 보이긴 하지만 박두식도 체격이 좋은 편인데 맞고만 있었을까?'

박두식은 온몸에 타박상과 찰과상을 입었고, 장 파열로 사망할 정도로 맞았다. 그런데 김찬종은 아무렇지도 않다? 또 김찬종이 아무리 술을 많이 마셨다 하더라도 사람을 그렇게 심하게 때렸는데 기억이 안 난다는 게 말이 될까? 표정만으로 사람의 심리 상태를 잘 파악하는 신 형사가 보기에도 김찬종이 거짓말을 하는 것 같지는 않았다.

신 형사는 생각했다.

'박두식이 김찬종과 헤어진 후 괴한들을 만난 건 아닐까?'

박두식의 몸에 남은 상처로 봐서는 집단 구타를 당했을 가능성도 있기 때문이다. 신 형사는 인근 폭력배에 대해 조사해 보기로 했다.

그 시간, 아이들은 다시 마포집으로 갔다. 마포집에서 출발해 두 사람이 지나갔을 길을 추적하며 목격자를 찾기 위해서였다. 마포집에서 500미터 정도 걸으면 삼거리가 나온다. 거기서 박두식의 회사는 오른쪽으로 700미터 정도 가야 되고, 김찬종의 집은 왼쪽으로 300미터 정도 가면 있다. 그러니까 마포집에서 김찬종의 집까지는 겨우 800미터. 아무리 천천히 걸어도 20~30분이면 도착하고도 남는 거리다. 그런데 한 시간이 걸렸다는 건 말이 안 된다.

마리와 태산이가 마포집에서 삼거리 사이에 있는 가게들을 다니며 어젯밤의 일을 물었다. 그런데 가게들 대부분이 12시 전에 문을 닫았다고 했다. 그나마 열려 있던 곳은 삼거리에 있는 24시간 편의점.

다행히 편의점 주인은 김찬종을 기억하고 있었다.

"여기 들렀었어. 술을 얼마나 많이 마셨는지, 집에 보내느라 고생 좀 했다니까."

김찬종이 편의점에 들어온 시간은 12시 15분쯤. 콜라를 하나 사서 나갔단다. 그런데 12시 45분쯤 편의점 주인이 건물 밖에 있는 화장실에 가려고 나갔는데, 길가에 김찬종이 쓰러져 자고 있었단다.

"한참 깨웠다니까. 겨우겨우 일으켜서 보내긴 했는데, 집에 제대로 들어갔는지는 모르지."

그렇다면 김찬종이 집까지 가는 데 1시간이나 걸린 이유는 길에서 잠이 들었기 때문이란 얘기다.

친구인지, 아닌지 103

마리는 김찬종의 집에서 본 흙 묻은 옷이 생각났다.

'싸우다 묻은 게 아니라 길에서 자다가 묻은 건가?'

여하튼 마포집에서 편의점까지 500미터 거리를 15분 정도 걸려서 왔고 또 편의점에는 김찬종 혼자 들어왔다니, 중간에 둘이 싸웠을 가능성은 희박해진 것이다. 태산이와 마리는 증거물로 편의점 내부의 CCTV 데이터를 받아서 왔다.

삼거리에서 회사 사이를 다니며 목격자를 찾던 차원이와 하수도 어렵게 박두식을 본 목격자를 찾았다. 한 건물의 옥탑방에 사는 사람이 밤 12시 반쯤 술에 취한 사람을 봤다는 것이었다.

"일하다 졸려서 잠깐 밖에 나와 운동을 하고 있었는데 밑에서 노랫소리가 들리더라고."

내려다보니까 한 아저씨가 술에 취해 노래를 부르며 지나가고 있었다는 것. 위에서 내려다봐서 얼굴은 잘 못 봤다고 했지만 시간상으론 박두식일 확률이 높다.

하수가 의문을 제기했다.

"만약 박두식을 폭행한 범인이 김찬종이라면 이미 김찬종과 싸우고 크게 다친 상태에서 박두식이 노래를 부르며 갈 수 있었을까?"

차원이가 대답했다.

"그럴 순 없겠지. 결국 김찬종이 범인이 아니라는 얘기지."

목격자가 사는 옥탑방에서 회사까지의 거리는 100미터 남짓. 그 사이에 또 다른 누군가를 만나 폭행을 당했거나 아니면 사무실에서 폭행을 당했을 가능성이 높다.

그런데 차원이는 목격자의 말에서 한 가지 이상한 점을 발견했다. 차원이가 물었다.

"어젯밤에 비가 왔잖아요. 그런데 밖에서 운동을 하셨어요?"

"중간에 그쳤었어. 12시쯤 그쳤다가 새벽 3시쯤 다시 내렸지."

그건 미처 몰랐다. 그럼 박두식이 가게에서 나왔을 때부터는 비가 안 왔다는 말인데, 박두식은 왜 흠뻑 젖어 있었을까? 빗물이 고인 웅덩이에 빠졌다고 해도, 온몸이 다 젖을 정도로 큰 웅덩이가 있었을까?

뭔가 이상하다. 상처는 누군가에게 맞아서 생긴 거라고 해도, 온몸이 다 젖은 건 무엇으로 설명할 수 있을까?

차원이와 하수는 회사까지 가는 길에 또 다른 목격자가 있기를 바랐지만 찾을 수 없었다. 회사도 동네 끝, 빈 공터에 있어서 한밤중에는 오가는 사람이 거의 없는 곳이었다.

아이들은 학교로 돌아와 신 형사에게 보고했다. 신 형사가 말했다.

"그러니까 김찬종이 범인이 아닐 가능성이 크다는 거네요?"

아이들이 동시에 대답했다.

"네."

태산이가 의견을 말했다.

"혹시 다른 누군가에게 구타를 당한 건 아닐까요?"

"그렇지 않아도 인근 불량배들을 조사해 봤는데 의심할 만한 사람이 없었어요."

신 형사가 대답하자 마리가 의견을 냈다.

"그럼 원한 관계에 의한 계획적인 범행일 가능성은요?"

차원이가 의견을 보탰다.

"박두식 주변 인물부터 다시 조사해야겠어요."

아이들은 다음 날 아침 일찍부터 다시 조사를 시작하기로 했다. 결국 수사 첫날은 별 소득 없이 끝나고 말았다. 김찬종도 특별한 혐의가 없으므로 집으로 돌려보냈다.

 ## 수상한 친구

다음 날 아침, 어 교감이 부검 결과를 알려 주었다.

"장 파열에 의한 사망 맞대. 그런데 몸 여기저기에 생긴 찰과상이 좀 이상하대."

찰과상은 마찰에 의해 피부 표면에 생기는 외상을 말한다. 아이들이 물었다.

"어떻게 이상한데요?"

"폭행을 당한 경우, 보통은 바닥에 넘어지거나 끌려가거나 하면서 찰과상을 입게 마련이거든. 그러면 옷이나 몸에 바닥의 흔적이 남게 되지. 시멘트나 콘크리트 조각이나 흙 같은 거 말이야. 그런데 그런 흔적이 전혀 없다는 거지."

그럼 찰과상은 왜 생긴 것일까? 폭행이 아닌, 다른 어떤 것으로 그런 상처를 입을 수 있을까? 아무리 생각해도 답이 안 나왔다.

아이들은 어제 계획한 대로 박두식의 주변 인물 중에 원한을 가진 사람이 있는지부터 알아보기로 했다. 태산이가 의견을 말했다.

"길용민 씨가 잘 알지 않을까? 오랜 친구고 최근에는 한집에 같이 살면서 일도 같이 했으니까."

차원이가 얼른 길용민에게 전화했다. 그런데 받지 않았다. 그때였다. 편의점에서 가져온 CCTV를 돌려 보던 마리가 놀라며 말했다.

"어, 이 사람! 왜 여기 있지?"

"누구?"

아이들이 몰려가 화면을 보며 물었다. 마리가 말했다.

"이 사람, 길용민 씨 아니야?"

"맞아!"

아이들이 동시에 대답했다. 차원이가 황당한 듯 물었다.

"몇 시에 찍힌 거야?"

"밤 11시 35분."

마리의 얘기에 하수가 의아한 표정으로 말했다.

"길용민 씨는 아파서 집에 일찍 갔다고 했잖아."

태산이가 화면을 보며 말했다.

"소주를 사는 것 같은데."

순간, 차원이와 하수는 어제 회사 창고 앞에서 봤던 소주병이 생각났다. 차원이가 놀라 하수를 보며 말했다.

"그럼 혹시 그 소주병이?"

하수도 놀라 말했다.

"길용민 씨가 마신 거란 말이야?"

차원이와 하수는 소주병에 대해 신 형사와 다른 아이들에게 설명했다. 차원이가 말했다.

"어떡하죠? 중요한 증거물이 될지도 모르는데, 그냥 두고 왔으니."

신 형사가 명령했다.

"그럼 차원이와 태산이는 빨리 가서 소주병을 가져와요. 그리고 마리와 하수는 길용민 만나서 알리바이 확인해 보고요."

이제껏 한 번도 의심하지 않았던 길용민이 새로운 용의자로 떠오른 것이다. 신 형사는 길용민에 대해 자세히 알아보았다.

길용민. 43세. 길용민이 말한 대로 박두식과는 고등학교 동창. 나라대학교 경영학과를 나와 대기업에 취직했지만 10년 만에 회사를 관두고 완구 회사를 차렸다. 그러다 지난해 부도가 나서 폐업. 한마디로 잘나가던 사람이 하루아침에 망한 경우였다.

마리와 하수는 길용민이 지내고 있는 박두식의 집으로 갔다. 그런데 아무도 없었다. 혹시나 박두식의 시신이 안치된 병원에 있나 연락해 봤지만 거기에도 없었다. 도대체 어딜 간 것일까?

마리와 하수는 다시 학교로 돌아가 길용민의 휴대전화 통화 기록을 추적했다. 마지막 통화는 어제 아침 10시. 자주 전화한 번호인 것으로 봐서 부인인 것 같았다.

마리가 그 번호로 전화하자 예상대로 길용민의 부인이 받았다. 길용민이 어디 있는지 묻자 부인이 대답했다.

"모, 모르지. 지난주에 오고 안 왔어. 정말이야."

마리는 부인의 목소리에서 긴장감을 느꼈다. 뭔가 숨기고 있는 게 분명하다. 보고를 받은 신 형사가 말했다.

"가 보죠."

신 형사와 마리와 하수는 곧바로 길용민의 처가이자 부인이 머물고 있는 남양주로 향했다.

한편, 박두식의 회사로 간 태산이와 차원이는 다행히 창고에서 소주병을 찾았다. 차원이가 말했다.

"소주병에 입을 대고 마셨다면 침이 묻어 있을 거야. DNA 검사를 해 보면 누가 마셨는지 알 수 있겠지."

만약 길용민의 DNA가 나온다면 소주를 마신 사람은 길용민. 물론 이전에 마시고 버린 것일 수도 있지만 사건 당일 길용민이 편의점에서 사 와서 마셨을 가능성도 있다. 그렇다면 길용민은 그날 밤, 집에 가는 척하고 다시 회사로 왔다는 얘기가 된다.

그런데 바로 그때였다. 주변을 둘러보던 태산이의 눈에 번쩍 띄는 게 있었다. 바로 고압 세척기였다. 태산이가 차원이에게 말했다.

"박두식이 흠뻑 젖었던 거, 이것 때문이 아닐까?"

"어? 이건 세차할 때 쓰는 거잖아."

"맞아. 고압 세척기야. 적은 양의 물을 수압 펌프를 이용해 순간적으로 고압으로 내보내는 기계지. 건물이나 유리창 청소를 할 때도 사용해."

차원이가 물었다.

"그럼 박두식이 젖은 게 여기서 나온 물 때문이다? 그럴 수도 있겠네. 술김에 잘못 만졌을 수도 있으니까. 하지만 그게 박두식이 사망한 거랑 무슨 상관이 있지?"

"어쩌면 이게 무기로 사용됐을 수도 있거든."

태산이의 말에 차원이는 어리둥절한 표정으로 물었다.

"이게?"

태산이가 대답했다.

"응. 고압으로 뿜어져 나오는 물은 엄청난 힘이 있어."

그러더니 고압 세척기 앞에 써진 숫자를 가리키며 말했다.

"봐. 압력이 무려 250바나 되잖아."

"그 정도면 센 거야?"

차원이의 물음에 태산이는 고개를 끄덕이며 대답했다.

"응. '바(bar)'라는 건 압력을 나타내는 단위인데, 셀프 세차장에서 사용되는 고압 세척기의 수압이 70~100바 정도야."

"그런데 250바라면? 와! 진짜 엄청 센 거네!"

"그렇지. 이 정도 압력으로 나가는 물을 맞았다면 온몸에 타박상과 찰과상은 물론이고, 복부에 집중적으로 맞았을 경우 충분히 장 파열을 일으킬 수 있어."

"무섭다. 태산이 네 말대로 진짜 무기네."

"그렇다니까. 얼마 전 신문 기사에도 고압 세척기로 자동차를 닦다가 부주의로 물을 맞고 사망한 사건이 나왔더라고."

차원이는 이제야 알겠다는 듯 말했다.

"그래서 온몸이 흠뻑 젖은 거구나. 바닥에 흥건한 물이랑 소파가 젖은 것도 바로 고압 세척기의 물을 맞았기 때문이었어."

태산이가 정리해 말했다.

"길용민은 박두식이 술을 마신 후 회사로 올 것을 알고 있었어. 평소 버릇이었으니까. 그래서 아프다고 하고 먼저 나간 후 편의점에 들렀다 회사로 온 거야. 그리고 술을 마시며 박두식이 오길 기다린 거지. 박두식이 오자 고압 세척기를 틀어 물을 뿌렸고 박두식은 갑작스런 공격에, 또 술을 많이 마셨기 때문에 미처 피하지 못한 거야."

차원이가 이어서 정리했다.

"박두식이 쓰러지자 길용민은 박두식을 사무실 소파로 옮겼어. 박두식의 몸에 묻은 물 때문에 바닥에 물이 고이고, 소파가 흥건히 젖었지. 길용민은 날이 밝자 마치 출근했다가 박두식을 발견한 것처럼 신고를 한 거야! 그래, 완벽한 시나리오야!"

태산이가 말했다.

"소주병에서 길용민의 DNA가 검출되면 더 완벽해지겠지."

"오, 예!"

둘은 신 나서 하이파이브를 했다. 어느새 죽이 척척 맞는 사이가 된 차원이와 태산이. 평소에는 잘 느끼지 못했지만 이미 서로에게 좋은 친구가 된 것이다. 그때 차원이가 의문을 제기했다.

"그런데 우리 추리가 맞다면 길용민은 왜 박두식을 죽인 거지? 본인 입으로 절친에, 힘들 때 도와준 고마운 친구라고 했잖아."

그러게 말이다. 박두식과 길용민 사이에 어떤 일이 있었던 것일까?

한편, 신 형사와 함께 남양주로 가던 중 마리는 전화를 받았다. 다름 아닌 길용민 부인이었다.

"남편이 자수하겠답니다."

길용민이 부인에게 와 모든 일을 털어놓고 도망가자고 했지만 부인이 자수하라고 설득했단다. 아까 마리가 전화했을 때는 길용민이 마음을 정하지 못한 상황이라 둘러댔다는 것. 경찰이 이미 자신을 용의자로 의심한다는 걸 알고 길용민도 자수를 선택했다는 것이다. 약속대로 길용민은 부인과 함께 찾아와 자수했다.

"사업에 실패하고 너무 힘들었어요. 두식이가 자기 회사로 오라고 해서 가긴 갔는데, 말끝마다 저를 무시하는 거예요."

고등학교 때부터 엘리트 코스만 밟아 온 길용민이었다. 반면에 박두식은 공부도 못하고 문제만 일으켰었다. 친한 친구라고는 했지만 길용민은 항상 박두식을 자신보다 못난 친구로 생각했고 박두식도 길용민에게 자격지심을 느끼고 있었다. 그런데 한순간에 상황이 뒤바뀐 것이다.

박두식은 그동안 당한 설움을 복수하듯 시도 때도 없이 길용민을 무시하는 소리를 했다. 체력도 약한 데다 험한 일을 처음 해 보는 길용민은 박두식의 말들에 자존심이 상했고 점점 더 모욕감을 느꼈다.

사건 당일에도 박두식은 길용민을 무시하는 소리를 했단다. 부인과 애가 불쌍하다느니, 비실비실해서 일을 너무 못한다느니, 그러다 평생 자기 밑에 있겠다느니……. 결국 기분이 상할 대로 상한 길용민은 아프다는 핑계를 대고 먼저 집으로 돌아왔단다.

"자려고 누웠는데, 생각할수록 화가 나는 거예요. 그때 얼마 전 신문에서 본 기사가 생각났어요."

바로 태산이가 본 고압 세척기 사망 사건. 순간, 회사 창고에 있는 고압 세척기가 생각났고 술을 마신 박두식이 사무실로 가서 잘 거라는 생각이 들었단다. 제정신에는 못 할 것 같아 가던 길에 술을 한 병 샀고 회사로 가서 술을 마시며 박두식을 기다렸다는 것. 그리고 박두식이 오자 고압 세척기로 물을 쏴서 쓰러뜨린 것이었다.

"두식이는 날 도와주려고 부른 게 아니에요. 옆에 두고 괴롭히려고 부른 거죠. 그래도 참았어야 했는데……. 흑흑흑."

길용민의 부인이 말했다.

"같이 도망가자고 하는데, 그럴 수는 없었어요. 아이를 생각해서라도 자수하라고 설득했죠."

결국 박두식은 친구 길용민에게 살해당한 것으로 밝혀졌다. 회사에서 가져온 소주병에서도 예상대로 길용민의 DNA가 검출됐다.

아이들은 의문이 들었다.

"박두식과 길용민, 둘 사이를 친구라고 할 수 있을까?"

마리의 질문에 차원이가 대답했다.

"당연히 아니지. 어려울 때 도와주고 진심으로 위로하는 게 친구지."

태산이도 말했다.

"서로 경쟁하고 무시하는 건 진짜 친구가 아니지."

맞는 말이다. 하지만 친구 사이에 경쟁심이 드는 것 또한 자연스러운 사람의 심리가 아닐까? 물론 그것 때문에 친구를 괴롭히고 해를 끼치는 건 결코 용서받을 수 없는 죄이지만.

아이들은 서로에게 어떤 친구일까? 앞으로 오랜 시간을 함께하며 진정으로 서로를 위하는 친구가 될 수 있을까?

 # 태산이가 들려주는 사건 해결의 열쇠

물에 흠뻑 젖은 채 시신으로 발견된 박두식. 그가 고압 세척기의 물에 맞아 사망했음을 알아낸 것은 물의 압력과 힘에 대해 잘 알았기 때문이야.

💡 물의 압력

압력이란 어떤 물체가 다른 물체를 누르거나 미는 힘을 말해. 물도 무게가 있기 때문에 누르는 힘이 있어. 이러한 힘을 물의 압력, 즉 수압이라고 하지.

수압을 느끼려면 물속에 들어가 보면 돼. 목욕탕이나 수영장에서 가슴까지 몸을 담그고 있어 봐. 숨 쉬기가 불편하지? 바로 수압 때문이야.

압력을 나타내는 단위는 여러 가지가 있어. 가장 많이 쓰는 건 파스칼(㎩)

〈수압 느끼기〉

이야. 1파스칼은 가로, 세로 1미터인 면적, 즉 1제곱미터(㎡)에 대하여 1뉴턴(N)의 힘이 작용하는 압력(N/㎡)을 말해. 바(bar 또는 b)도 압력의 단위인데, 1바는 105파스칼과 같고 1밀리바(mbar 또는 mb)는 1/1000바야. 기압(atm)도 바로 나타낼 수 있는데, 1기압은 1.01325바야.

💡 수심에 따른 수압과 수압의 방향

투명한 통에 높이를 다르게 해서 여러 개의 구멍을 뚫은 다음 물에 넣었다가 꺼내 봐. 제일 아래쪽 구멍에서 물줄기가 가장 세게 나오는 것을 볼 수 있어. 수압은 물이 깊을수록 세지기 때문이야.

마찬가지로 바닷속으로 깊이 들어갈수록 수압은 더 커져. 그래서 깊은 바닷물에는 그냥 들어갈 수 없고 꼭 잠수복을 입는 등 장비를 갖추고 들어가야 되지.

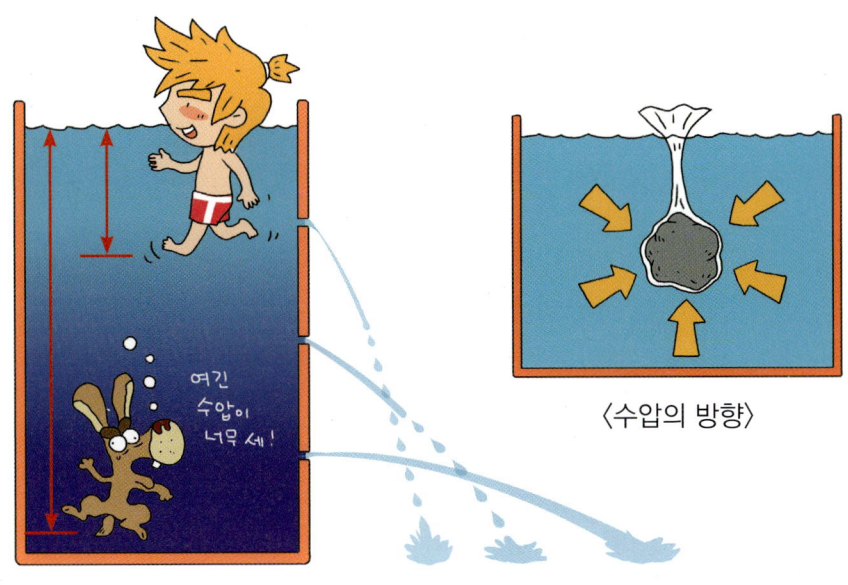

〈물의 깊이에 따른 수압〉   〈수압의 방향〉

수압은 깊이가 10미터 깊어질 때마다 약 1기압씩 높아져. 그러니까 수심 1만 미터에서의 수압은 1000기압이야. 1000기압은 1제곱센티미터의 면적을 1톤 무게로 내리누르는 힘이래.

물속에서 수압은 어떤 방향으로 작용할까? 비닐봉지에 작은 돌을 넣은 다음 물속에 잠기게 해 봐. 비닐이 사방에서 달라붙어 돌의 울퉁불퉁한 모양이 그대로 보이지? 수압이 모든 방향에서 작용하기 때문이야.

💡 수압의 이용

우리 주변에는 물의 힘을 이용하는 것이 많아.

댐은 높은 곳에서 떨어지는 물의 에너지를 이용해 전기를 만들어 내는 시설이야. 그런데 댐의 윗부분과 아랫부분을 잘 살펴보면 아랫부분이 더 두꺼운 것을 볼 수 있어. 아래로 내려갈수록 수압이 커지기 때문에 그 압력을 견딜 수 있게 하기 위해서 아래쪽을 더 두껍게 만든 것이지.

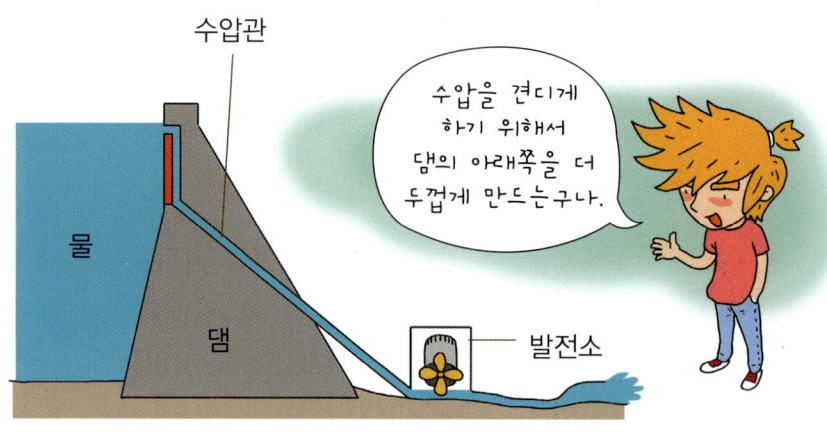

〈댐과 수압〉

수압을 이용한 기계들도 많아. 대표적인 게 바로 고압 세척기지. 적은 양의 물을 수압 펌프를 이용하여 순간적으로 고압으로 내보내는 청소기야. 세차를 할 때나 건물의 외벽 혹은 옥상, 베란다 등을 청소할 때 많이 사용해. '셀프 세차장'에서 고압 세척기로 차를 청소하는 사람들이 많은데 수압이 너무 세서 다치는 경우가 있다고 해. 그러니까 고압 세척기를 사용할 때는 다루는 방법을 미리 잘 확인한 후에 써야 해.

또 물을 높은 압력에서 빠르게 내뿜어 그 힘으로 물체를 자르는 수압 절단기도 있어. 나무는 물론 철이나 알루미늄, 구리 등 금속류까지 자를 수 있고, 매우 섬세하게 작업할 수 있는 장점이 있어.

고압 세척기 　　　　　수압 절단기

〈수압의 이용〉

그러니까 생각해 봐. 온몸에 타박상과 찰과상을 입고 장 파열로 사망한 박두식. 처음엔 누군가에게 맞았을 거라고 생각했지만 뚜렷한 용의자가 없었어. 그러던 중 고압 세척기를 발견했고, 세척기의 강력한 수압 때문에 사망한 것을 밝혀낼 수 있었지.

사건4

볼펜의 흔적

어 교감이 기사를 내보이며 다짜고짜 소리쳤다.
"신태양, 강별! 너희 잘 왔다. 이 기사 사실이야?"
하수가 놀란 표정으로 물었다.
"선배님들, 정말 약혼하셨어요?"

 위험에 빠진 별이

　어느새 4월 말. 중간고사도 끝나고, 아이들은 오랜만에 한가한 오후를 보내고 있었다. 그런데 신문을 뒤적이던 태산이가 깜짝 놀라며 소리쳤다.

　"헉! 별이 선배, 큰일 났다."

　"별이 선배? 선배가 왜?"

　마리가 묻자, 태산이는 기사를 내밀며 대답했다.

　"별이 선배가 광고하는 화장품에서 중금속이 발견됐대."

　"뭐?"

아이들도 놀라 기사를 봤다. 그동안 열심히 활동한 덕에 이제 강별은 영화든 드라마든 하는 작품마다 히트를 치는 인기 배우가 됐다. 특히 최근 막을 내린 드라마에서 큰 인기를 얻어 광고에도 많이 출연했고 여배우들의 로망이라는 화장품 광고 모델로도 발탁됐는데, 갑자기 중금속이라니!

차원이가 걱정되는 표정으로 말했다.

"이게 사실이라면 이미지에 치명적인데."

하수가 물었다.

"왜? 선배 잘못이 아니잖아."

"사람들은 그렇게 생각하지 않아. 별이 선배가 광고하기 때문에 좋을 거라고 생각하고 산 사람들도 많을 거 아냐. 그런 효과를 노리고 모델로 쓰는 거고. 그러니까 제품에 문제가 생기면 광고에 출연한 연예인까지 같이 욕을 먹더라고."

그렇다면 큰일이다. 별이가 예쁘고 연기도 잘하지만 CSI 출신이라는 것도 믿을 수 있는 배우라는 이미지를 만드는 데 큰 역할을 했다. 그런데 이런 일이 벌어졌으니, 어쩌면 더 비난받을 수도 있다.

아니나 다를까. 인터넷에 들어가 보니 기사 밑에 줄줄이 달린 댓글이 난리도 아니었다. 강별을 믿고 화장품을 샀는데 어떻게 이럴 수 있느냐, CSI가 이렇게 속여도 되느냐 등 예상대로 별이는 그동안 쌓아 온 이미지에 상당한 타격을 입고 있었다.

그뿐만이 아니었다. 저녁때 방송된 연예 뉴스에서는 화장품 중금속 사건을 심도 있게 다루며 광고 모델 강별에 대한 대중의 반응까지 속속들이 전했다.

기사와 방송을 본 어 교감과 공 교장도 걱정이 됐다. 어 교감이 별이에게 전화했다.

"강별, 괜찮아? 난리 났던데."

하지만 별이는 의연하게 대답했다.

"걱정 마세요. 저도 알아보고 있는데 금방 해결될 거예요."

별이 말대로 일주일쯤 지나자 신문도, 방송도 좀 잠잠해졌고 그렇게 중금속 화장품 사건은 묻히는 듯했다.

그런데 한 달쯤 지난 어느 날, 오히려 더 큰일이 벌어졌다. 저녁 뉴스를 보는데, 깜짝 놀랄 얘기가 나오는 것이었다.

"중금속 화장품 논란으로 곤욕을 치르던 나라화장품의 고장훈 사장이 오늘 낮 자신의 사무실에서 사망한 채 발견됐습니다. 경찰은 사무실 책상에서 고 사장이 직접 쓴 것으로 보이는 유서가 발견되었으며, 전날 밤 자살한 것으로 보고 수사 중이라고 발표했습니다."

이게 무슨 일인가! 그런데 그 뒤의 말이 더 황당했다.

화장품에 수은이 들어 있다고?

바르면 피부가 하얘진다는 미백 화장품. 그런데 최근 중국에서 만들어진 미백 화장품에서 허용 기준치를 5,800배나 초과하는 수은이 검출됐어. 수은은 피부에 닿으면 피부가 붉어지는 등의 부작용을 일으키고, 장기간 노출되면 체내에 축적되어 수은 중독 현상을 일으킬 수 있기 때문에 화장품에는 사용이 엄격히 제한되고 있어. 그러니까 화장품을 고를 때는 성분을 잘 확인하고, 믿을 수 있는 제품을 써야 돼.

"또 경찰은 인기 배우 K양이 전날 저녁 고 사장을 만난 것을 확인하고 K양을 불러 조사할 예정입니다."

차원이가 놀라 소리쳤다.

"K양이라면 강별 선배?"

"어떡해!"

마리와 하수가 동시에 소리치자 태산이가 의문을 제기했다.

"뭐야? 그럼 고 사장의 사망에 강별 선배가 관련이 있다는 거야?"

마리가 고개를 저으며 말했다.

"아니겠지. 단순한 참고인 조사겠지."

하수가 걱정되는 얼굴로 말했다.

"참고인 조사라도 그렇지. 별이 선배, 엄청 힘들겠다."

인터넷에 들어가 보니, 예상대로 K양이 강별이라는 댓글이 줄줄이 달려 있었다. 하기야 강별이 그 화장품을 광고한 건 누구나 다 아는 일인데, K양이 강별인 걸 모를 수가 있겠나.

아이들이 놀라 교장실로 달려갔다.

"쌤, 교장 쌤! 강별 선배가요!"

그러자 어 교감이 손짓을 하며 말했다.

"앉아. 일단 앉아."

이미 다 알고 있다는 표정. 어 교감이 계속 별이에게 전화했지만 연결되지 않았다. 공 교장이 물었다.

"벌써 조사 들어간 거 아닌가? 어느 경찰서라고 했지?"

"영산 경찰서요. 알아보시게요?"

어 교감의 질문에 신 형사가 조심스럽게 의견을 말했다.

"좀 더 기다려 보는 게 어떨까요? 네티즌들이 CSI까지 거론하고 있더라고요. 섣불리 나섰다가는 오히려 별이에게 안 좋을 수도 있을 것 같아요."

공 교장은 고개를 끄덕였다. 별다른 수가 없어 어 교감이 별이에게 다시 전화했지만 역시 받지 않았다.

그런데 바로 그때 어 교감의 휴대전화가 울렸다. 신태양이었다. 어 교감이 반가워 얼른 전화를 받았다.

"신태양! 그렇지 않아도 전화하려 했어. 별이 소식 알지?"

"그럼요. 걱정하실까 봐 전화드렸어요. 참고인으로 조사받는 거니까 너무 걱정 마세요. 제가 같이 갈 거예요."

"어, 그래. 태양이 네가 같이 가면 걱정 없지. 무슨 일 생기면 바로 전화해. 알았지?"

"네, 쌤."

태양 선배라면, 지난해 최연소로 사법 시험에 합격해서 지금 사법연수원에 들어가 있다는 말을 들었다. 그러니 별이에게 법률적으로나 심리적으로나 큰 도움이 될 것이다.

 ## 별이의 부탁

 그런데 다음 날 아침, 더 황당한 일이 벌어졌다. 태양이가 별이를 에스코트해서 경찰서로 들어가는 사진이 인터넷 메인 화면을 떡하니 장식하고 있었다. 이름까지 강별이라고 뜨고, "강별의 옆을 든든하게 지킨 약혼자"라는 제목의 기사가 대문짝만 하게 나온 것이었다.

 "약혼자? 태양 선배랑 별이 선배랑?"

 차원이가 놀라 말했다. 아이들도 전혀 모르는 소식이었다. 지난번 태양이의 후배가 실종됐을 때부터 태양이와 별이의 사이가 특별해 보이긴 했지만 약혼까지 한 사이로 발전했다는 건 처음 듣는 얘기였다. 아이들이 달려가 소식을 전하자, 어 교감이 펄쩍 뛰었다.

 "약혼? 에이, 말도 안 돼. 나한테 말도 없이 둘이 약혼을 했다고?"

 공 교장이 피식 웃으며 말했다.

 "허참, 어 교감이 뭐 아버지라도 돼?"

 어 교감은 당당하게 대답했다.

"그럼 아니에요? 걔네들 제가 다 키웠잖아요. 낳지는 않았지만 아버지나 마찬가지죠. 헤헤."

그런데 그때, 노크 소리가 들렸다. 모두의 시선이 문으로 쏠리고 태양이와 별이가 들어오며 인사를 했다.

"안녕하세요?"

호랑이도 제 말하면 온다더니 어떻게 그렇게 딱 맞춰 찾아왔는지. 어 교감이 기사를 내보이며 다짜고짜 소리쳤다.

"신태양, 강별! 너희 잘 왔다. 이 기사 사실이야?"

하수가 놀란 표정으로 물었다.

"선배님들, 정말 약혼하셨어요?"

"푸하하하. 아니야. 오보야 오보. 잘못된 기사라고."

태양이가 웃으며 손사래를 쳤다. 차원이가 장난스럽게 말했다.

"에이, 아니 땐 굴뚝에 연기가 나겠어요?"

별이가 부인했다.

"나도 그런 줄 알았는데 아니 땐 굴뚝에서도 연기가 나더라고."

여하튼 절대 아니라는 말. 어 교감이 그제야 웃으며 말했다.

"난 또. 헤헤헤. 그나저나 너희 둘! 혹시 사귀는 거 아냐? 약혼은 오보지만 연인 사이가 된 건 맞지?"

"네? 아, 네, 뭐."

드디어 태양이가 고백을 했다. 어느 정도 예상은 했지만 충격은 충격

이다. 태양이와 별이도 쑥스러운 표정. 공 교장이 물었다.

"그나저나 어제 조사받은 일은 잘 해결됐니?"

별이가 대답했다.

"그 일로 부탁드릴 게 있어서 왔어요."

"부탁?"

어 교감이 묻자 태양이가 대답했다.

"고장훈 사장 사망 사건이요. 그걸 좀 맡아 주셨으면 해서요."

신 형사가 말했다.

"자살 사건으로 마무리될 것 같던데요. 유서도 발견됐다면서요."

어 교감도 물었다.

"왜? 아닌 것 같아?"

별이가 대답했다.

"사실 고장훈 사장은 제 초등학교 친구의 작은아버지예요."

그래서 큰 화장품 회사에서 여러 번 광고 출연 제의가 들어왔지만 거절하고 중소기업 제품을 광고하게 됐다는 것. 역시 의리의 강별이다.

"그런데 화장품에서 왜 중금속이 나온 거죠? 광고 계약하기 전에 성분 확인을 안 했나요?"

신 형사의 물음에 별이가 대답했다.

"당연히 했죠. 그런데 아무 이상이 없었어요. 이상이 있었다면 친구의 작은아버지가 한 부탁이라도 거절했겠죠."

별이의 성격상 진짜 그랬을 것이다. 공 교장이 물었다.

"그런데 수사를 맡기고 싶은 이유가 뭐지?"

"고장훈 사장은 자살할 분이 아니에요. 사건 당일 저녁 8시쯤, 사장님이 광고 계약 취소에 대해서 의논하고 싶다고 하셔서 매니저와 함께 회사로 찾아갔었어요."

한 달 전, 중금속 의혹이 불거지자 고장훈은 제품에는 문제가 없는데 회사가 급성장하자 누군가 모함한 거라며 한 달만 기다려 주면 다 해결될 거라고 했단다. 그래서 믿고 기다렸는데, 아무런 해결책이 보이지 않고 오히려 회사가 문을 닫을 처지라는 소문이 돌았다는 것. 그런 차에 자신을 부르기에 솔직히 별이는 계약을 취소해 주겠다는 얘길 하려는 줄 알았단다. 그런데 다시 만난 고장훈은 시간을 더 달라고 했다는 것.

"일주일만 더 기다려 달라고 하시는 거예요. 분명히 다 밝혀질 거라고."

별이의 말에 태양이도 설명을 보탰다.

"그러면서 투자자들도 다시 모으고 있으니, 회사가 곧 정상화될 거라고 했대요."

별이가 말을 이었다.

"의기소침하거나 스스로 목숨을 끊을 분위기가 전혀 아니었다니까요. 회사를 살리겠다는 의지가 분명히 보였어요. 그래서 저도 알겠다고 좀 더 기다리겠다고 하고 나왔는데, 갑자기 이런 일이 벌어진 거예요."

마리가 물었다.

"누군가 모함을 했다고요? 그게 누군데요?"

별이가 대답했다.

"나도 그게 궁금해서 물었는데 지금은 말할 수 없다고, 금방 다 밝혀질 거라고만 하셨어."

어 교감이 물었다.

"하지만 유서가 발견됐다면서."

"그렇긴 한데 친구의 부탁도 있고 저도 뭔가 찜찜한 마음이 들어서요. 저도 같이 수사하고 싶지만 이미 약속된 스케줄이 너무 많아서……. 부탁드려요."

공 교장은 잠시 생각하더니 말했다.

"그래. 수사해 보지."

"감사합니다."

태양이와 별이가 감사의 인사를 했다.

잠시 후, 신 형사와 아이들은 사건을 맡고 있는 영산 경찰서로 갔다. 허공찬 반장이 그동안의 수사 기록을 보여 주며 설명했다.

"유서로 필체 감정을 해 보니, 고장훈 씨 친필이 맞다는 결과가 나왔습니다. 중금속 함유 사건 때문에 회사가 위기에 처하자 자살한 게 분명해요. 유서에도 그렇게 쓰여 있었고 부검 결과도 수면제 과다 복용에 의한 사망이라고 나왔어요. 며칠 전부터 동네 약국을 돌며 수면제를 사들인 정황도 파악됐고요."

허 반장은 결과가 분명한데 재조사를 하겠다니 기분이 나쁜 모양이었다. 신 형사가 말했다.

"그래도 다른 가능성에 대해서도 더 조사를 해야 되는 거 아닙니까? 벌써 발표하기에는 너무 성급한 것 같은데요."

"모르는 말씀 마세요. 지금 대중의 관심이 온통 여기에 쏠려 있어요. 게다가 결과가 명백한데 시간 끌 필요가 없잖아요."

신 형사가 말했다.

"좋습니다. 딱 이틀만 주세요."

"이틀이요? 아이참, 괜히 시간 끌 필요 없다니까요."

그때였다. 수사 일지를 보던 마리가 사진 한 장을 가리키며 물었다.

"그런데 이건 뭐예요?"

고장훈을 찍은 사진이었다.

"뭐긴 뭐야? 현장 사진이지."

"아니요. 여기 볼펜 자국이요."

고장훈이 입고 있는 하얀 와이셔츠 여기저기에 볼펜 자국이 나 있었다. 허 반장이 보더니 말했다.

"볼펜 자국이네. 볼펜 쓰다가 묻혔나 보지."

그런데 실수로 묻힌 것으로 보기에는 너무 여러 군데였다. 차원이가 말했다.

"실수는 아닌 것 같은데요."

신 형사가 물었다.

"그런데 와이셔츠는 어디 있죠?"

허 반장이 증거물 보관함에 든 와이셔츠를 가져다주었다. 태산이는 볼펜 자국을 살펴보더니 말했다.

"볼펜을 쥔 채로 몸싸움을 하다 생긴 자국이 아닐까요?"

하수가 말했다.

"그럼 사망 전에 누군가와 싸웠다는 거잖아."

"별이 선배한테 전화해 볼게요. 선배와 만났을 때도 와이셔츠에 볼펜이 묻어 있었는지."

마리가 전화하자 별이가 대답했다.

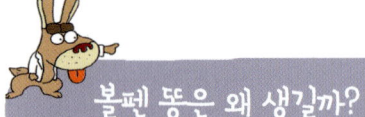

볼펜 똥은 왜 생길까?

볼펜의 펜촉 끝을 자세히 보면 아주 작은 볼이 있어. 볼은 크롬강이나 스테인리스강 등으로 만드는데, 이 볼이 종이 면과 마찰하면서 회전하면 볼에 묻어 있던 잉크가 종이에 묻으면서 글씨가 써지는 거야. 그런데 볼이 회전하면서 흘러나온 잉크 중 일부는 끈적끈적해서 종이에 묻지 않고 볼에 달라붙어 있거든. 이것이 모여 한꺼번에 종이에 묻어 버리는 볼펜 똥이 되는 거지.

"아니. 깨끗했어."

그렇다면 강별이 나간 후 고장훈이 또 다른 누군가를 만난 건 아닐까? 신 형사가 허 반장에게 물었다.

"CCTV는 확인했나요?"

"당연히 했죠. 그래서 강별 양이 마지막으로 왔다 간 것도 알아낸 거잖아요. 그 뒤로는 아무도 들어온 사람이 없었다니까요."

"CCTV 데이터 좀 보겠습니다."

신 형사의 요청에 허 반장은 구시렁거렸다.

"아이참, 다 확인했다니까요."

신 형사와 아이들은 CCTV 데이터를 살펴봤다. 저녁 8시쯤 강별이 매니저와 함께 들어갔다, 30분쯤 후 나오는 장면이 찍혀 있었다. 그리고 그 뒤에는 아무도 들어간 흔적이 없었다. 그런데 신 형사가 화면을 이리저리 돌리더니, 정지시키고는 말했다.

"9시부터 10시까지는 정지 화면이에요. 한 시간 동안 시곗바늘이 9시에 멈춰 있군요."

볼펜의 흔적 137

누군가 정지 화면이 계속 녹화되도록 CCTV를 조작했다는 말. 모두들 깜짝 놀랐다.

그제야 허 반장도 꺼림칙한 생각이 든 모양이었다. 허 반장은 내키지 않지만 혹시 모르니 수사를 허락한다는 투로 말했다.

"알았어요. 이틀. 이틀 안에 별다른 단서가 안 나오면 자살이라고 발표할 겁니다."

이제 별이가 나온 뒤에 누가 고장훈을 찾아갔는지, 그리고 그곳에서 무슨 일이 있었는지를 알아내야 한다.

 진실은 무엇일까

신 형사가 말했다.

"고 사장 주변 인물과 중금속 함유 사건에 대해 좀 더 알아보는 게 좋겠어요."

아이들은 일단 나라화장품 직원들을 만나 보기로 했다. 그런데 중금속 사건 이후 직원들이 많이 그만둔 상태였다.

차원이는 경리부장이었던 강하선을 만났다. 강하선은 고장훈의 죽음이 믿기지 않는 듯 눈물을 닦으며 말했다.

"그렇게 허무하게 돌아가실 분이 아니야. 어떻게든 회사를 살리려고 하셨거든."

중금속 사건 이후, 매출이 급격히 떨어진 데다 투자금을 회수하려는 사람들뿐 아니라 사업 자금을 대출해 준 은행에서도 대출금을 빨리 갚으라며 압박을 했단다. 하지만 고장훈은 어떻게든 진실을 밝혀 재기하려고 했다는 것.

"이번 달 말까지 지불해야 할 돈만 10억이 넘었어. 부도를 막을 방법이 없었지. 하지만 희망을 버리지 않고 계셨는데……. 흑흑흑."

다른 직원들도 비슷한 얘기를 했다. 마리는 홍보부 과장 이하나를 만났다.

"당분간 월급을 못 주니까 회사에 남아 달라는 말도 미안해서 못 하겠다고 하셨어."

마음 같아서는 계속 도와드리고 싶었지만 자신도 어쩔 수 없었다는 것. 이하나는 울먹이며 말했다.

"나가는 나를 붙잡고 빨리 재기해서 다시 부르겠다고 하셨는데, 어떻게 이런 일이……. 흑흑흑."

태산이는 마케팅부 박훈 차장을 만났다.

"이게 다 누군가가 꾸민 일이라고 하셨어. 곧 밝혀질 거라고."

그렇다면 고장훈은 그게 누구인지 알고 있다는 말일까? 그날 밤 고장훈을 찾아간 또 다른 사람이 바로 그 사람은 아닐까?

그런데 그의 정체를 알게 된 건 하수가 관리부장 이선진을 만나고 나서였다.

"3개월 전, 제품개발팀장이었던 엄찬수 팀장이 그만뒀어. 그리고 중금속이 나온 달팽이 크림은 엄찬수 팀장이 개발한 거야."

회사를 설립한 지 3년이 넘도록 히트 친 제품이 없자, 고장훈은 달팽이 크림에 회사의 운명을 걸었단다. 다행히 제품 개발이 잘됐고, 강별을 광고 모델로 쓰자 제품이 불티나게 팔려 나갔는데…….

"결국 돈 때문에 삐걱대기 시작한 거지."

엄찬수가 고장훈에게 개발비를 요구했다는 것. 하지만 고장훈은 그동안 제품 연구와 광고로 많은 돈을 썼기 때문에 아직은 줄 수 없다고 하면서 다툼이 계속됐단다.

"솔직히 직원으로 일하면서 개발한 건데 따로 개발비를 요구하는 건

이치에 맞지 않지. 하지만 고 사장이 개발 단계에서 의욕을 북돋우기 위해 성공하면 개발비를 두둑하게 챙겨 주겠다고 말한 적이 있나 보더라고. 그걸 갖고 엄찬수가 계속 돈을 요구한 거지."

결국 3개월 전 엄찬수는 회사를 그만뒀단다. 그리고 두 달 뒤에 식품의약품안전처, 즉 식약처에서 조사를 나왔다는 것이다. 화장품에 중금속이 함유되어 있다는 제보를 받았다고.

하수가 물었다.

"그럼 중금속이 함유되어 있다는 건 사실이네요."

"이번 조사 결과로는 그렇지. 그런데 제품 출시할 때는 아무 문제가 없었는데, 갑자기 발견된 게 이상해. 사장님도 황당해하시더라고."

이상하다. 식약처에서 잘못 조사했을 리도 없다. 그렇다면 중간에 원료가 잘못 들어갔거나 가공 중에 문제가 생긴 건 아닐까? 고장훈은 그걸 밝혀내려고 한 게 아닐까? 그리고 그날 밤, 고장훈을 마지막으로 찾아온 사람은 엄찬수가 아닐까?

하수는 이선진에게서 직원 주소록에 있던 엄찬수의 주소와 전화번호를 받았다. 그러나 엄찬수는 전화를 받지 않았다.

신 형사와 아이들은 엄찬수의 집으로 찾아갔다. 다행히 엄찬수는 집에 있었다. 엄찬수도 고장훈에 대한 소식을 알고 있었다.

"그런데 그게 저랑 무슨 상관이죠?"

태산이가 물었다.

"세 달 전에 회사를 그만두셨다고요?"

"그래서? 내가 고 사장을 죽이기라도 했단 말이야?"

신 형사가 물었다.

"그건 아니고요. 혹시 최근에 고 사장을 만난 적이 있나요?"

"없었습니다."

엄찬수는 단호하게 말했다. 그런데 그때, 차원이의 눈에 띈 것이 있었다. 바로 빨아서 널어놓은 와이셔츠. 차원이는 볼펜이 묻어 있던 고장훈의 와이셔츠가 생각났다. 그리고 차원이의 눈에 들어온 또 한 가지가 있었다. 차원이가 물었다.

"이 물파스는 뭐에 쓰신 거죠?"

갑작스런 질문에 아이들은 의아했다. 아이들의 시선이 책상 위에 놓인 물파스로 향했다. 갑자기 물파스를 어디에 썼는지는 왜 물어보는 걸까? 그런데 엄찬수는 잠시 멈칫하더니 우물쭈물 대답했다.

"물파스? 그, 그건……."

차원이가 다시 물었다.

"와이셔츠에 묻은 볼펜 자국을 지우는 데 쓰신 거죠?"

그러자 화들짝 놀라며 부인하는 엄찬수.

"아니, 볼펜 자국은 무슨! 그냥 어깨 근육이 뭉쳐서……. 정말이야."

너무 완강히 부인하니 그게 더 수상했다. 신 형사는 차원이가 질문한 이유를 금방 알아차렸다.

"고 사장의 와이셔츠에 볼펜 자국이 묻어 있었어요. 우리는 그걸 누군가와 몸싸움을 하다 묻은 걸로 보고 있습니다."

당황하는 빛이 역력한 엄찬수. 이젠 말까지 더듬었다.

"그, 그, 그래서 나랑 싸, 싸우기라도 했다는 겁니까?"

태산이가 물었다.

"이틀 전 밤 9시부터 10시까지 뭐하셨죠?"

엄찬수가 얼른 대답했다.

"집, 집에 있었어."

신 형사가 말했다.

"오피스텔에 사시니까 출입구에 CCTV가 있겠네요. 아직 이틀밖에 안 지났으니 기록도 남아 있을 거고요. CCTV 데이터를 보면 엄찬수 씨의 얘기가 맞는지 확인할 수 있겠군요."

엄찬수는 더 이상 빠져나갈 수 없다고 생각했는지 갑자기 소파에 주저앉으며 사실대로 얘기했다.

"휴! 맞아요. 그날 밤 고 사장을 만났어요. 몸싸움도 했어요. 하지만 그러고 그냥 나왔어요. 정말이에요."

엄찬수는 책상 서랍을 열더니 서류를 꺼내 내밀었다.

"달팽이 크림을 처음 개발했을 때 나온 중금속 함유 결과입니다."

신 형사는 서류를 자세히 살펴봤다. 놀랍게도 중금속이 기준치 이상 함유되어 있어 판매가 부적절한 제품이라고 되어 있었다. 신 형사가 물었다.

"그럼 처음부터 중금속이 들어 있었다는 말인가요?"

"네. 중금속을 완전히 없앨 수 없었어요. 한마디로 제품 개발에 실패한 거죠."

그래서 엄찬수는 사실대로 고장훈에게 말했단다. 하지만 달팽이 크림에 회사의 운명을 걸고 있던 고장훈이 서류를 조작하라고 시켰단다.

신 형사가 미심쩍은 표정으로 물었다.

"그게 가능합니까? 식약처의 검사 결과를 조작한다는 게."

엄찬수가 대답했다.

"제 친구가 거기 있어요. 황영진이라고. 그 친구에게 돈을 주고 결과를 조작했어요. 고 사장이 그렇게만 해 주면 수익의 일부를 떼 주겠다고 했어요."

그리고 화장품이 불티나게 팔려 나가자, 엄찬수는 약속을 지키라고 다그쳤다. 하지만 고장훈은 약속을 자꾸만 미루며 지키지 않았던 것. 그래서 엄찬수는 회사를 그만둔 뒤 나라화장품을 식약처에 고발했다고 했다.

"제가 지은 죄는 달게 받겠습니다. 하지만 고 사장이 죽은 건 저와 상관없는 일입니다."

태산이가 물었다.

"그럼 이틀 전엔 왜 만난 거죠?"

"고 사장이 만나자고 해서. 내가 거짓 제보를 했다고 하고, 내 친구에게 부탁해 다시 검사 결과를 조작해 달라고 했어. 회사가 살아야 수익금도 나눠 주지 않겠냐면서 날 설득하려고 했지."

신 형사가 물었다.

"거절했나요?"

"네. 이미 판매 중인 제품이고 중금속이 함유되어 있다는 결론이 났기 때문에 제 친구도 어쩔 수 없는 상황인 데다, 잘못하면 이전에 결과를 조작한 사실까지 밝혀질 테니까요. 휴! 결국 이렇게 밝혀지고 말았지만요."

차원이가 물었다.

"그런데 볼펜 자국은 왜 난 거죠?"

"만약을 위해서 내가 볼펜 녹음기를 가져가서 우리가 한 얘기들을 녹음했어. 나중에 나한테 다 뒤집어씌울 수도 있으니까. 그런데 고 사장이 그걸 알아차리고 뺏으려고 했어. 몸싸움이 일어났고, 그 과정에서 고 사장의 옷과 내 옷에 볼펜 자국이 묻은 거지."

그러더니 서랍에서 볼펜 녹음기를 꺼내 작동시켰다. 고장훈의 목소리가 들렸다.

'한 번만 더 도와줘. 사람 하나 살리는 셈 치고.'

엄찬수가 대답했다.

'이미 끝난 일입니다. 저도 자수할 거예요. 사장님도 이젠 미련 버리세요.'

'뭐? 자수? 안 돼. 그건 나를 죽이겠다는 거야. 자네도 살고 나도 사는 길은 이것밖에 없어. 제발 한 번만 더 결과를 조작해 줘.'

그러더니 이내 놀라는 목소리로 물었다.

'어! 그거 뭐야?'

'아닙니다.'

'녹음기 아냐? 뭐하려고 녹음을 하는 거야?'

그러더니 우당탕 몸싸움하는 소리가 들리고 녹음기가 꺼졌다. 이로써 고장훈과 엄찬수가 처음부터 검사 결과를 조작한 사실이 증명된 것.

하수가 물었다.

"이미 자수하기로 마음먹었다면 CCTV는 왜 조작한 거죠?"

"CCTV? 난 모르는 일이야. 만약 그랬다면 고 사장이 했겠지. 아무도 모르게 나와 만나고 싶었을 테니까."

엄찬수는 한바탕 난리 끝에 겨우겨우 도망쳐 나왔고, 어제 아침에 고장훈이 사망했다는 기사를 봤다고 했다.

"혹시 의심받을까 싶어서 와이셔츠를 빨아 널은 건데……."

와이셔츠와 볼펜 자국 그리고 물파스만으로 알아내리라고는 생각도 못했다는 것. 곧바로 엄찬수를 조사실로 데려와 더 면밀히 조사했지만 그가 고장훈을 살해했다는 증거는 찾을 수 없었다.

결국 타살의 증거를 찾지 못했고 여러 가지 정황상 자살로 결론이 났다. 고장훈은 고비를 넘길 마지막 기회를 놓친 데다 돈으로 매수해 검사 결과를 조작한 이전의 죄까지 밝혀질 위기에 처하자 더 이상 돌파구가 없다고 생각했을 것이다. 그러다 결국 유서를 남기고 마지막 선택을 한 것이다. 사건은 그렇게 마무리되었고, 엄찬수와 그의 친구 황영진도 중금속 검사 결과를 조작한 죗값을 치르게 되었다.

 ## 하트가 뿅뿅

사건이 해결된 뒤 휴게실에 모인 아이들. 마리가 차원이에게 궁금했

던 것을 물었다.

"물파스만 보고 어떻게 와이셔츠의 볼펜 자국을 지운 걸 알았어?"

차원이가 대답했다.

"물, 식용유, 알코올 등과 같이 일정한 모양이 없어서 담는 그릇에 따라 모양이 변하고, 힘을 가해도 부피가 줄어들지 않는 물질을 액체라고 하잖아. 그런데 같은 액체라도 어떤 것은 잘 섞이고, 어떤 것은 잘 섞이지 않아."

태산이가 아는 척을 했다.

"알아. 물과 식용유는 잘 안 섞이잖아."

"그래. 물과 식용유의 화학적 성질이 다르기 때문이지. 용질을 녹여 용액을 만드는 물질을 용매라고 하잖아. 예를 들어 설탕물에선 물이 용매이고 설탕이 용질이지. 그런데 물은 전기적 성질을 띠는 극성 용매이고 식용유는 전기적 성질이 없는 비극성 용매거든. 한마디로 둘은 성질이 전혀 다른 액체야."

하수가 물었다.

"그럼 성질이 같아야 잘 섞이는 거야?"

"응. 극성은 극성끼리, 비극성은 비극성끼리 잘 섞여. 물론 둘 다 잘 섞이는 액체도 있지만."

"그럼 물파스는?"

마리의 질문에 차원이가 대답했다.

"물파스에는 알코올이 들어 있거든. 알코올은 비극성 용매지. 그런데 볼펜의 잉크는 기름에 가까운 성질을 갖고 있어서 같은 비극성 용매로 볼 수 있지. 그래서 볼펜 자국에 물파스를 바르면 자국이 지워지는 거야."

어째 이리 똑똑한지. 마리는 차원이가 멋있게 느껴졌다. 요즘 들어 자꾸 차원이가 멋있어 보여 마리는 혼란스러웠다. 자신도 차원이를 좋아하게 된 걸 고백해야 할까 고민이 됐다.

그런데 그때였다.

"눈에서 하트가 쏟아지는구먼! 완전 레이저네, 레이저."

어 교감이었다. 차원이가 자신에게 하는 얘기인 줄 알고 머쓱해하며 손사래를 쳤다.

"아니에요. 하트는 무슨……."

어 교감이 말했다.

"아니, 너 말고."

"네? 그럼 누구요?"

차원이가 물었지만 어 교감은 능청스럽게 얼버무렸다.

"비밀~! 어? 그런데 마리, 너 얼굴 빨개졌다!"

하수도 눈치챘다. 아니 전부터 눈치채고 있었다. 마리도 차원이를 좋아하게 됐음을. 정말 이러다 CSI 4호 커플이 탄생하게 되는 건 아닐지. 마리가 얼른 둘러댔다.

"여기가 좀 더운가? 너희는 안 덥니?"

그러자 이제껏 아무 말 없던 태산이가 뜬금없이 대답했다.

"그, 그래. 덥네, 더워. 하하하. 하하하."

계면쩍게 웃는 모습이 수상하다. 그리고 보니 태산이의 얼굴도 빨개져 있었다. 이건 또 무슨 일인가.

그런데 그때 신 형사가 아이들을 불렀다. 별이와 태양이가 왔다는 것. 모두 교장실로 몰려가자 별이와 태양이가 맛있는 케이크를 사 들고 와 있었다.

"다들 고마워. 수고 많이 했어."

별이가 인사했다. 공 교장이 물었다.

"괜찮겠니? 이번 일로 배우로 활동하기 어려워진 건 아니니?"

하지만 별이는 밝은 표정으로 대답했다.

"아니에요. 다시 차근차근 해 나가면 되죠, 뭐."

그러자 어 교감이 농담했다.

"이왕 이렇게 된 거 그냥 둘이 약혼이나 하지. 어차피 사람들도 다 그렇게 아니까 말이야."

"쌤!"

태양이와 별이가 얼굴이 빨개져 동시에 소리쳤다. 어 교감이 말했다.

"어? 너희도 얼굴 빨개졌다! 아직 여름 되려면 멀었는데 오늘은 더위 타는 사람이 참 많네. 하하하."

마리와 태산이는 괜히 찔렸다. 그나저나 태산이는 도대체 왜 얼굴이 빨개졌던 걸까?

 ## 차원이가 들려주는 사건 해결의 열쇠

고장훈 사장이 사망 전 엄찬수와 만났다는 사실을 알아내고 증명할 수 있었던 것은 액체의 성질에 대해 잘 알았기 때문이야.

💡 액체란?

일정한 모양이 없어서 담는 그릇에 따라 모양이 변하고, 힘을 가해도 부피가 줄어들지 않는 물질을 액체라고 해.

물을 생각해 봐. 둥근 그릇에 담으면 둥근 모양이 되고, 네모난 그릇에 담으면 네모난 모양이 되잖아. 또 그릇에 담긴 물에 힘을 가하면 넘치긴 해도 부피가 줄어들지는 않지. 물뿐만 아니라 간장, 식용유, 알코올 등도 모두 액체야.

액체는 종류에 따라 냄새, 색깔, 흔들리는 정도가 달라. 물은 냄새와 색깔이 없지만 식용유는 노란색이고 고소한 냄새가 나지. 또 물은 잘 흔들리지만 식용유는 잘 흔들리지 않아.

〈여러 가지 액체〉

💡 액체의 섞임

우리 주변에는 같은 액체이지만 서로 섞이지 않은 채 층을 이루거나 분리되는 물질들이 많이 있어. 이는 두 액체의 화학적 성질이 다르기 때문이야.

컵에 물과 식용유를 넣고 저어 봐. 처음엔 섞이는 것 같지만 금방 두 층으로 나눠지는 걸 볼 수 있어. 물과 식용유는 섞이지 않거든.

물은 전기적 성질을 띤 극성 용매야. 수소와 산소만으로 이루어져 있고 탄소를 함유하고 있지 않기 때문에 무기 용매라고도 하지. 반면에 식용유는 전기적 성질이 없는 비극성 용매로, 탄소와 수소로 이루어진 유기 용매야. 같은 성질 간에는 잘 혼합되지만 반대의 경우는 잘 섞이지 않아. 그래서 극성인 물과 비극성인 식용유는 서로 섞이지 않는 거야.

하지만 물과 식용유 양쪽 모두와 잘 섞이는 것도 있어. 바로 비누나 세제에 쓰이는 성분인 계면 활성제야. 계면 활성제는 물과 기름 양쪽과 잘 결합하기 때문에 기름때를 빼는 데 사용돼.

〈물과 식용유 섞기〉

💡 물에 녹는 것과 안 녹는 것

그러니까 모든 물질이 물에 녹는 것은 아니야. 사인펜을 생각해 봐. 수성 사인펜과 유성 사인펜이 있는데, 이때 수성과 유성의 뜻이 뭘까?

수성이란 물의 성질이고 유성이란 기름의 성질이라는 뜻이야. 즉 수성 사인펜은 물에 녹고, 유성 사인펜은 물에 녹지 않지. 그 대신 유성 사인펜은 기름에 녹아.

수성 사인펜으로 글씨를 쓰고 물을 떨어뜨리면 순식간에 번지는 것을 볼 수 있어. 그래서 학용품에 이름을 쓸 때는 유성 사인펜으로 써야 돼. 그래야 물이 닿아도 지워지지 않거든.

〈수성 사인펜과 유성 사인펜에 물을 떨어뜨린 후의 변화〉

💡 세탁의 원리

얼룩이 묻은 옷을 무조건 물로 빨려고 하면 안 돼. 얼룩 중에는 기름처럼 물에 안 녹는 것도 많거든. 얼룩을 깨끗이 지우려면 얼룩과 성질이 비슷한 것으로 지워야 해.

볼펜의 잉크는 성질이 기름에 가까워. 그러니까 물로는 안 지워지고, 에테르나 아세톤, 알코올 등의 비극성 용매로 지우면 잘 지워져.

물파스는 근육이 아플 때나 벌레에 물렸을 때 효과를 내는 약제 성분을 녹이기 위해 알코올을 용매로 사용해. 그래서 볼펜 자국이 묻었을 때 물파스를 바르면 자국이 점점 사라지는 거야.

같은 원리로 페인트가 피부에 묻었을 땐 버터나 식용유를 이용해 지우면 되고, 껌 자국도 기름 성분이 많은 마요네즈나 땅콩 가루를 이용하면 잘 지워지지.

〈여러 가지 얼룩 지우기〉

그러니까 생각해 봐. 고장훈 사장이 입었던 옷에서 볼펜 자국을 발견했지만 어떻게 묻은 것인지 몰랐지. 그러다 엄찬수의 집에서 **세탁한 와이셔츠와 물파스를 발견, 볼펜 자국을 지우기 위해 물파스를 사용했음**을 알아냈고, 결국 자백을 받을 수 있었지.

CSI, 함께 놀며 훈련하다!

마리랑 함께하는 신기한 놀이

① 얼굴 기억하기

우리 뇌는 사람의 얼굴을 기억하는 아주 특별한 능력이 있어. 친구와 함께 실험해 볼까?

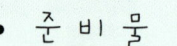

비슷한 크기의 컬러 얼굴 사진 20장

❶ 10장의 사진을 골라 친구에게 각 사진을 0.5초씩 보여 준다.

❷ 20장의 사진을 순서가 다르게 섞는다.

❸ 사진을 모두 펼쳐 놓고 친구에게 먼저 본 10장의 사진을 고르게 한다.

친구에게 어떤 실험을 하려고 하는지 미리 말하지 않는 게 좋아. 친구는 기억하려고 하지 않았어도 먼저 본 사진을 꽤 정확하게 맞힐 테니까. 사람의 얼굴을 기억하는 뇌의 특별한 능력 때문에 우리는 사람을 잘 구별할 수 있어.

❷ 어떤 것을 기억할까?

우리 뇌는 의미가 없거나 중요하지 않은 것은 잘 기억하지 못해. 바로 이렇게.

어때? 그림 ①보다 배 모양으로 배열한 그림 ②가 더 잘 기억나지? 우리 뇌는 어떤 의미가 있거나 알아볼 수 있는 모양을 더 잘 기억하고, 의미가 없거나 중요하지 않은 것은 무시하거나 잘 잊어버리는 경향이 있기 때문이지.

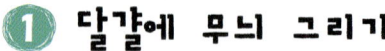

① 달걀에 무늬 그리기

석회암의 성분인 탄산칼슘은 산성인 물에 녹아. 이 성질을 이용해 달걀에 무늬를 그려 볼까?

●준비물●
- 삶은 달걀
- 색연필
- 유리컵
- 식초

❶ 완전히 삶은 달걀의 껍데기에 색연필로 무늬를 그린다.

❷ 유리컵에 식초를 넣고 달걀을 담근다.

❸ 2시간 후에 식초를 버리고, 새로 넣는다.

❹ 2시간 후에 달걀을 꺼내 색연필로 칠한 곳을 물로 닦는다.

어때? 달걀에 그렸던 무늬가 그대로 남아 있지? 달걀 껍데기에는 석회암의 주성분인 탄산칼슘이 들어 있어. 그래서 산성인 식초에 녹지. 색연필로 그린 자리는 달걀 껍데기가 식초에 직접 닿지 않아 그대로 남아 있는 거야.

❷ 종유석이 생기는 원리

고드름 모양의 신기한 종유석. 어떻게 생기는 건지 실험으로 알아볼까?

접시 위에 놓인 실을 봐. 하얀 소금이 보이지? 실에 스며들었던 소금 용액 속의 물이 햇볕을 받아 증발되고 소금 결정만 남은 거야. 종유석도 마찬가지야. 동굴 천장에 맺힌 지하수가 떨어질 때 수분은 증발하고 결정만 자란 것이지.

❶ 물의 힘을 느껴요

물은 색도 냄새도 모양도 없지만 모이면 큰 힘을 발휘해. 물의 힘이 얼마나 센지 느껴 볼까?

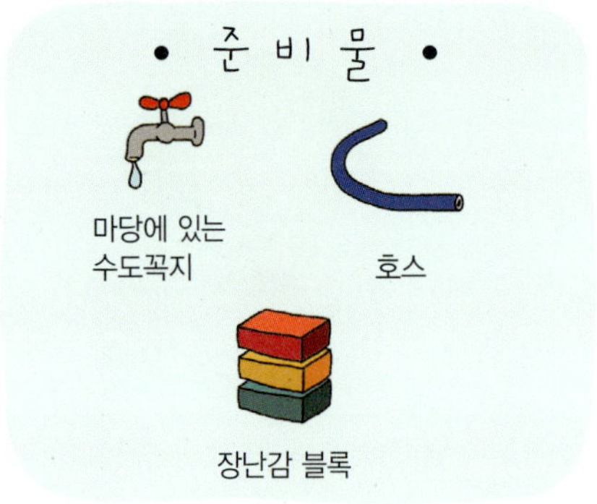

• 준비물 •
마당에 있는 수도꼭지   호스   장난감 블록

❶ 수도꼭지에 호스를 끼운다.

❷ 조금 떨어진 곳에 장난감 블록을 세우고 호스를 블록에 겨냥한다.

❸ 물을 틀어 블록을 쓰러뜨린다.

물줄기가 장난감 블록에 닿으면 그 힘 때문에 블록이 쓰러져. 물을 더 많이 틀거나 호스 끝을 손으로 쥐어 물 나오는 구멍을 좁게 하면 물은 더 센 힘으로 분사되지. 친구와 함께 장난감 블록 맞추기 놀이를 하는 것도 재미있을 거야.

❷ 수압 분수 만들기

수압을 이용해 간단한 분수를 만들 수 있어. 어떻게 하는지 따라 해 볼까?

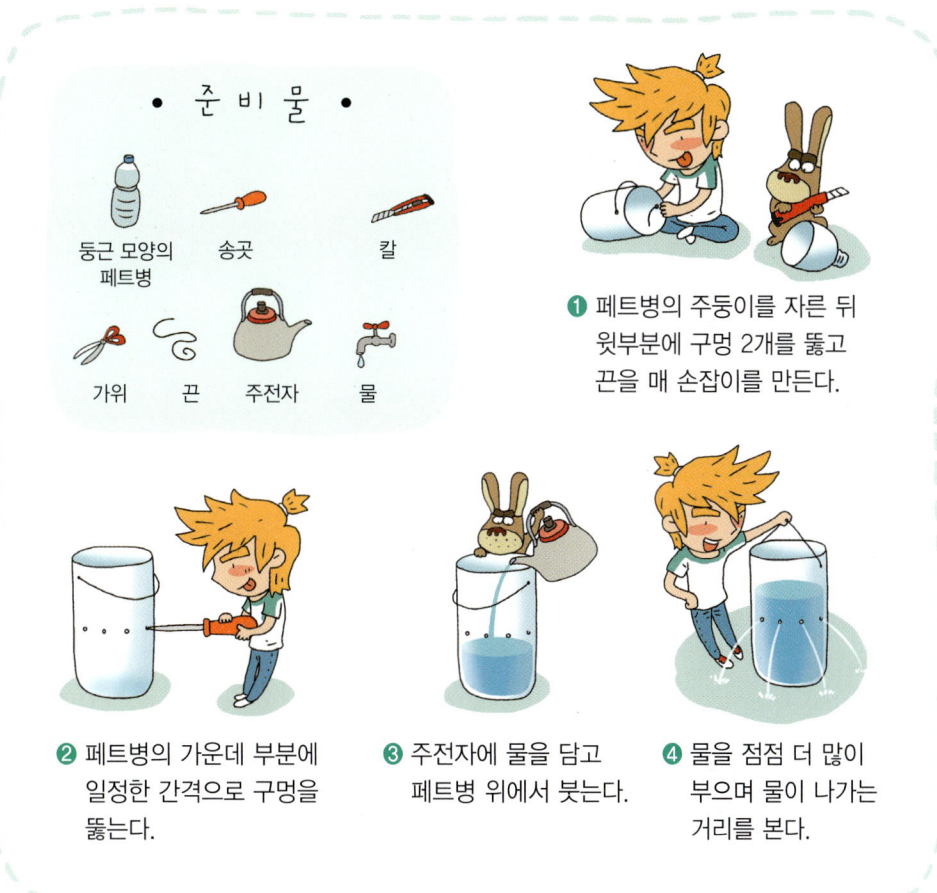

어때? 분수 같지? 물을 많이 부을수록 물이 더 멀리 나가는 것을 볼 수 있어. 수압은 물의 깊이가 깊을수록 커지고, 수압이 클수록 물은 더 멀리 나가기 때문이지. 욕조에 물을 받고 수압 분수를 담갔다 꺼내면 재미있는 분수 놀이를 할 수 있어.

CSI, 함께 놀며 훈련하다!

차원이랑 함께하는 신기한 놀이

① 볼펜을 지워요

물파스를 이용하면 볼펜 자국을 지울 수 있다는 게 정말일까? 같이 확인해 보자.

어때? 물파스를 두드리니까 볼펜 자국이 점점 옅어지는 걸 볼 수 있지? 마지막으로 세제로 빨면 더 깨끗하게 지울 수 있어. 아세톤으로 해도 볼펜 자국이 잘 지워져. 또 소독용 알코올을 써도 돼.

❷ 어디에서 녹을까?

수성 사인펜과 유성 사인펜은 어디에서 녹을까? 둘의 차이점을 알아보자.

❶ 물을 컵 두 개에 1/4씩 담는다. 같은 방법으로 아세톤도 담는다.

❷ 수성 사인펜의 잉크 심을 꺼내 반으로 자른 뒤 하나는 물 컵에, 하나는 아세톤 컵에 넣는다.

❸ 유성 사인펜의 잉크 심을 자른 뒤 하나는 물 컵에, 하나는 아세톤 컵에 넣는다.

❹ 잉크가 퍼지는 것을 관찰한다.

수성 잉크를 물에 넣으면 아지랑이처럼 퍼져 나가 물이 잉크 색으로 변하지만, 아세톤에 넣으면 약간만 녹을 뿐이야. 반면에 유성 잉크는 물에 넣으면 찌꺼기같이 되어 물색이 변하지 않지만, 아세톤에서는 골고루 퍼지면서 섞이지. 수성 잉크는 물에, 유성 잉크는 아세톤에 녹기 때문이야.

ㄱ
건망증과 치매의 차이 35
고압 세척기 111, 121
곡석 84
극성 용매 149, 155
기억 37, 46~47

ㄴ
뇌 46~47
눈은 왜 하얄까? 60

ㄷ
동굴 생성물 73, 84
뚱뚱한 사람이 물에 더 잘 뜨는 이유 100

ㅁ
물에 녹는 것과 안 녹는 것 156
물의 깊이에 따른 수압 119~120

물의 압력 118

ㅂ
바(bar) 112, 119
백룡동굴 73~74, 84~85
볼펜 똥은 왜 생길까? 136
비극성 용매 149~151, 155

ㅅ
석순 71~72, 84
석주 71~72, 84
석화 84
석회 동굴 71, 73, 82~83
석회암 71, 82
석회화 단구 84
세탁의 원리 156~157
수압의 방향 119~120
수압의 이용 120~121

ㅇ
액체 149, 154

액체의 섞임 149~151, 155
용매 149
용질 149
유석 84

ㅈ
장 파열 93
장 파열 사망 사건 92
종유석 71~72, 84
종유석 도난 사건 84~85
종유석이 자라는 시간 80

ㅊ
최면 47~48
최면 수사 37, 48~49

ㅎ
해마 46~47
화장품에 수은이 들어 있다? 126

사회와 추리의 만남
모든 사건의 열쇠는 사회 교과서에 있다!

대한민국 대표 어린이 추리 동화
〈어린이 과학 형사대 CSI〉를 잇는 또 하나의 시리즈,
교과서 속 핵심개념으로 사건을 풀어가는
'어린이 사회 형사대 CSI'의 이야기!

다섯 친구들이 펼치는 좌충우돌 형사 학교 이야기.
이제부터 사회 CSI와 함께 흥미진진한
사건들을 해결해 보자!

사회 형사대 CSI 시즌 1 완간!

❶ CSI, 탄생의 비밀 ❷ CSI, 힘겨운 시작 ❸ CSI에 도전하다 ❹ CSI, 파란만장 적응기
❺ CSI, 위기에 처하다 ❻ CSI, 경찰서 실습을 가다 ❼ CSI, 영국에 가다
❽ CSI, 정치 사건을 해결하다 ❾ CSI, 멋진 친구들! ❿ CSI, 새로운 시작!